红色广东丛书

工农武装起义
与红色政权的建立

王 超 张仙凤 编著

SPM
南方出版传媒
广东人民出版社
·广州·

图书在版编目（CIP）数据

工农武装起义与红色政权的建立 / 王超，张仙凤编著. —广州：广东人民出版社，2021.6
（红色广东丛书）
ISBN 978-7-218-14817-5

Ⅰ.①工… Ⅱ.①王… ②张… Ⅲ.①第二次国内革命战争—武装起义—广东 Ⅳ.①E297.2

中国版本图书馆CIP数据核字（2020）第263747号

GONGNONG WUZHUANG QIYI YU HONGSE ZHENGQUAN DE JIANLI

工农武装起义与红色政权的建立

王 超　张仙凤　编著　　　　　　　　　　☞ 版权所有　翻印必究

出 版 人：肖风华

出版统筹：钟永宁
责任编辑：卢雪华　廖智聪
装帧设计：时光机工作室　李卓琪
责任技编：吴彦斌　周星奎

出版发行：广东人民出版社
地　　址：广州市海珠区新港西路 204 号 2 号楼（邮政编码：510300）
电　　话：（020）85716809（总编室）
传　　真：（020）85716872
网　　址：http://www.gdpph.com
印　　刷：广东鹏腾宇文化创新有限公司
开　　本：787mm×1092mm　1/16
印　　张：10.75　　字　数：130 千
版　　次：2021 年 6 月第 1 版
印　　次：2021 年 6 月第 1 次印刷
定　　价：32.00 元

如发现印装质量问题，影响阅读，请与出版社（020-85716849）联系调换。
售书热线：（020）85716826

总　序

　　百年征程波澜壮阔，百年大党风华正茂。习近平总书记在党史学习教育动员大会上指出："我们党的一百年，是矢志践行初心使命的一百年，是筚路蓝缕奠基立业的一百年，是创造辉煌开辟未来的一百年。"翻开风云激荡的百年党史，一代又一代中国共产党人，用鲜血和生命浸染了党旗国旗的鲜亮红色，书写了可歌可泣的历史篇章，铸就了彪炳史册的丰功伟绩。一百年来，党的红色薪火代代相传，革命精神历久弥坚，红色基因已深深根植于共产党人的血脉之中，成为我们党坚守初心、永葆本色的生命密码。

　　广东是一片红色的热土，不仅是近代民主革命的策源地，也是国内最早传播马克思主义、最早成立共产党早期组织的省份之一。在新民主主义革命的漫长历程中，广东党组织在中共中央的领导下，发动、组织和领导广东人民开展了一系列广泛而深远的革命斗争。1921年，广东党组织成立后，积极开展工人运动、青年运动，并点燃农民运动星火。第一、二、三次全国劳动大会连续在广州召开，全国工人运动的领导机关——中华全国总工会在广州诞生。中国社会主义青年团第一次全国代表大会在广州召开，促进了全国团组织的建立、发展。在"农民运动大王"彭湃领导下，农潮突起海陆丰影响全国。

1923年，中共中央机关一度迁至广州，中国共产党第三次全国代表大会在广州召开，推动形成了第一次国共合作，建立了国民革命联合战线，掀起了大革命的洪流。随后，在共产党人的建议下，黄埔军校在广州创办，周恩来等共产党人为军校的政治工作和政治教育作出了重要贡献，中国共产党也从黄埔军校开始探索从事军事活动。在共产党人的提议下，农民运动讲习所在广州开办，先后由彭湃、阮啸仙、毛泽东等共产党人主持，红色火种迅速播撒全国。1925年，广州和香港爆发省港大罢工，声援五卅运动，成为大革命高潮时期一个十分引人注目的重要斗争。1926年，在统一广东革命根据地后，国民革命军在广州誓师北伐，以共产党员为骨干的北伐先锋叶挺独立团所向披靡，铸就了铁军威名。在北伐战争胜利推进的同时，广东共产党组织和党领导的革命队伍迅速扩大和发展，全省工农群众运动也随之进入高潮。

1927年"四一二"反革命政变以后，广东共产党组织在全国较早打响反抗国民党反动派血腥屠杀的枪声，广州起义与南昌起义、秋收起义一起，成为中国共产党独立领导中国革命、创建人民军队的伟大开端。随后，广东党组织积极探索推进工农武装割据，在海陆丰建立第一个县级苏维埃政权，并率先开展土地革命，开启了中国共产党领导人民进行的最重大的社会变革。与此同时，广东中央苏区逐步创建和发展起来，为中国革命的发展作出了不可磨灭的贡献。1931年，连接上海中共中央机关与中央苏区的中央红色交通线开辟，交通线主干道穿越汕头、大埔，成功转移了一大批党的重要领导，传送了重要文件和物资，成为土地革命战争时期党的红色血脉。1934年，中央红军开始了举世瞩目的长征，广东是中央红军从中央苏区腹地实施战略转移后进入的第一个省份，中央红军在粤北转战21天，打开了继续前进的通道，成功走向最后的胜利。留守红军在赣粤边、闽粤边和琼崖地区进行了艰苦卓绝的游击战争，高举红旗永不倒。

抗战全面爆发后，中共中央和中共中央长江局、南方局十分重视和加强对广东党组织的领导，选派了张文彬等大批干部到广东工作。日军侵入广东以后，广东党组织奋起领导广东人民开展敌后抗日游击战争，成立了东江纵队、琼崖纵队、珠江纵队、广东人民抗日解放军、南路人民抗日解放军和韩江纵队等抗日武装，转战南粤辽阔大地，战斗足迹遍及70多个县市。华南敌后战场成为全国三大敌后抗日战场之一，党领导的广东人民抗日武装被誉为华南抗战的中流砥柱。香港沦陷以后，在中共中央的领导和周恩来等人的精心策划安排下，广东党组织冲破日军控制封锁，成功开展文化名人秘密大营救，将800多名被困香港的文化名人、爱国民主人士及家眷、国际友人等平安护送到大后方，书写了抗战史上的光辉一页。

解放战争时期，在中共中央的领导下，华南地区大力开展武装斗争，开辟出以广东为中心的七大块游击根据地，成立了中国人民解放军琼崖纵队、粤赣湘边纵队、闽粤赣边纵队、桂滇黔边纵队、粤中纵队、粤桂边纵队和粤桂湘边纵队等人民武装，其中仅广东武装部队就达到8万多人，相继解放了广东大部分农村，在全省1/3地区建立起人民政权，为广东和华南的解放创造了有利条件。在广东党组织的配合下，人民解放军南下大军发起解放广东之役，胜利的旗帜很快插遍祖国南疆。

革命烽火路，红星照南粤。广东见证了中国共产党从新生到大革命、土地革命，再到抗日战争、解放战争等革命斗争全过程。其间，毛泽东、周恩来、刘少奇、朱德、邓小平、叶剑英、彭德怀、刘伯承、贺龙、陈毅、聂荣臻、徐向前、李富春、粟裕、陈赓等老一辈革命家和李大钊、蔡和森、瞿秋白、陈延年、彭湃、叶挺、杨殷、邓发、张太雷、苏兆征、杨匏安、罗登贤、邓中夏、恽代英、萧楚女、阮啸仙、张文彬、左权、刘志丹、赵尚志等一大批革命先烈都在广东战斗过，千千万万广东优秀儿女也在革命斗争中抛头颅、洒热血，留下了光照千秋的革命历史和革命精神。广东这片红色热土，老区苏区遍布全省，大大小小的革命遗址分布各地，留下了宝贵而丰厚的红色文化历史遗产。

习近平总书记强调，中国革命历史是最好的营养剂。重温这部伟大历史能够受到党的初心使命、性质宗旨、理想信念的生动教育，必须铭记光辉历史、传承红色基因。我们有责任把党领导广东人民进行革命斗争的光辉历史和伟大功绩研究深、挖掘透、展示好，全面呈现广东红色文化历史，更好地以史铸魂、教育后人，让全省人民在缅怀英烈、铭记历史中汲取砥砺奋进的强大力量，让人们深刻认识红色政权来之不易，新中国来之不易，中国特色社会主义来之不易，确保红色江山的旗帜永远高高飘扬。

为充分挖掘广东红色文化资源的丰富内涵，我们组织省内党史、党校、社科、高校等专家学者，集智聚力分批次编写《红色广东丛书》。丛书按照点面结合、时空结合、雅俗结合原则，分为总论、人物、事件、地区、教育五个版块。总论版块图书，主要综述中国共产党在广东的革命斗争历史概况，人物版块图书主要讴歌广东红色人物，事件版块图书主要论说党领导广东人民开展革命斗争的历史事件，地区版块图书从地市和历史专题角度梳理广东地域红色文化，教育版块图书着力打造面向青少年及党员的红色主题教材。丛书以相关的文物、文献、档案、史料为依据，对近些年来广东红色文化资源研究成果做了一次全面系统梳理，我们希望这套丛书能为党史学习教育、革命传统教育、爱国主义教育提供重要内容支撑。

一切向前走，都不能忘记走过的路，走得再远、走到再光辉的未来，也不能忘记走过的过去，不能忘记为什么出发。站在"两个一百年"的历史交汇点上，我们要更加坚定自觉地学史明理、学史增信、学史崇德、学史力行，赓续红色血脉，传承红色基因，以一往无前的奋斗姿态、风雨无阻的精神状态，推动广东在全面建设社会主义现代化国家新征程中走在全国前列、创造新的辉煌。

《红色广东丛书》编委会

2021年6月

目录
CONTENTS

导　言

1927年，蒋介石和汪精卫先后发动反革命政变，第一次国共合作破裂，大革命失败。中国革命进入了一个新的历史阶段，即由中国共产党领导中国人民深入开展土地革命、武装反抗国民党反动统治的新的革命时期，也称为第二次国内革命战争时期（1927—1937）。在这一时期，中国共产党在领导发动轰轰烈烈的武装起义、建立红色政权等革命斗争锻炼和考验中加深对中国革命规律的认知，创造性地把马克思主义的普遍真理与中国革命实践相结合，不断探索着中国革命道路，在伟大的革命洪流中，成功走出了一条适合中国国情的"农村包围城市、武装夺取政权"的道路。作为国民革命的中心，广东在反帝反封建革命斗争中发挥了重要作用，各界群众在平定商团叛乱、第一次东征、省港大罢工、香港学生反帝罢课、反文化侵略与收回教育权运动、第二次东征、南讨、北伐等革命活动中奋勇参加，不断推动革命烈火向全国各地辐射。国民党反动派在上海发动四一二反革命政变后，又紧接着在广州发动"四一五"反革命政变，随即在全省大肆残杀共产党员、团员、进步群众，白色恐怖笼罩着

省港大罢工

整个广东省。面对国民党反动派的疯狂血腥大屠杀，广东的党组织以大无畏革命精神领导广大党员和群众，奋起反击，在全省发动了声势浩大的工农武装起义。据不完全统计，1927年4月15日至8月1日，全省40多个县市都先后发动了讨蒋武装起义，仅东江地区就有16个县共举行了18次武装起义，其中有8个县攻下了县城，有9个县建立了革命政权，以李芳岐（李运昌）为主席兼前线总指挥的潮（阳）普（宁）惠（来）三县军事委员会，在4月23日围攻普宁县城的战斗中，参加的农军和农会会员达1万多人。中共八七会议后，广东又爆发了震惊中外的广州起义，给国民党反动派以沉重打击，威震南粤、影响深远，与此同时，建立了中国第一个苏维埃政权——海陆丰苏维埃政府，创建了琼崖和东江等革命根据地，推动了土地革命的发展。

一 反蒋工农武装暴动

从"四一五"反革命政变到南昌起义前的一段时间里，在中国共产党的领导下，广东省辖区内的近一半的市县级行政区中爆发了武装暴动，共持续三个多月，建立了海丰、梅县、普宁、英德、紫金、大埔等县一级的革命政权，吸引上百人参加，甚至有些多达一万人以上。据不完全统计，全省有34个县共举行了40多次武装起义。这个时期发生的一系列暴动，在党的历史上称为"讨蒋起义"。这段时期，工农武装起义的发动及苏维埃运动的兴起同第一次国共合作破裂和大革命失败有着历史的因果关系。中国共产党第二次全国代表大会根据列宁关于殖民地半殖民地的学说和远东大会的精神，分析了国际形势和中国社会政治经济状况，讨论了党的任务，制定了党的最高纲领和最低纲领。大会通过的《中国共产党第二次全国代表大会宣言》，指明了民主革命的基本思路，为了实行党的最高纲领，确定中国民主革命的目标是"无产阶级去帮助民主主义革命"，建立一个属于资产阶级性质的民主共和国；等到民主革命成功了，实行"与贫苦农民联合的无产阶级专政"的第二步奋斗，建立无产阶级专政的苏维埃国家。对于国民党反动派的叛变，中国共产党选择"武装反抗"，并且提出建立苏维埃政权的斗争口号，进一步推动工农武装暴动与苏维埃政权创建的结合。

根据共产国际的指示，1927年7月中旬，中央临时政治局进行了改组，决定将党影响下的武装力量向南昌一带集结，发动南昌起义，立即着手制订湘、鄂、粤、赣四省暴动计划，并在适当的时期召开党的会议讨论新时期的新政策。随后召开的八七会议分析了大革命失败后的国内政治形势，决定用枪杆子对枪杆子，对国民党的倒行逆施实行武装反抗，组织和领导了一系列工农武装暴动。但是，不得不指出的是，八七会议对国民党左派采取继续维系合作的态度，所以对暴动后政权建设的问题出现了自相矛盾的提法。

8月21日，中共中央通过的《中国共产党的政治任务与策略的议决案》明确指出："工农兵代表苏维埃，是一种革命的政权形式，即是保证工农民权独裁制直接进于无产阶级的社会主义独裁制；这种形式之下，最容易完成从民权革命生长而成社会主义革命的转变，而且是保证中国之非资本主义发展的唯一方式。"但对于建设苏维埃来讲，不能提出组织苏维埃的口号，可是，仅仅局限于宣传。"如果组织革命的国民党的计划能够成功（如果资产阶级军阀的反动还来不及完全消灭国民党），那末，本党就应当在革命超越资产阶级民权主义的范围时，使苏维埃制度得以从新的革命政权之中生长出来，——这种新的革命政权，现在就要着手组织，依照最广泛的各种革命阶级选举的最民权主义的代表制度"。"只有到了组织革命的国民党之计划，完全失败，同时，革命又确不〔在〕高涨之中，那时本党才应当实行建立苏维埃"。该议决案的基本思路是，是否建立苏维埃政权同与国民党左派合作的成败有着密切联系。只要与国民党左派合作成功，中国的苏维埃政权就可以从革命政权中逐渐地成长出来；如果与国民党左派合作失败，就立即建立苏维埃政权。这个思路与苏联的认识和态度是一致的。汪精卫七一五反革命政变后，斯大林在《时事问题简评》中认为，应该在广大劳动群众中宣传建立苏维埃的思想，以期得到广泛拥护，甚至可以在城市里将苏维埃变成真正革命的口号，但是不要立即推动成立苏维埃。9月19日，中共中央接到共产国际和联共（布）中央发来的关于必须建立苏维埃的指示，要求"时机由共产国际执委会执行局和中共中央来决定"。也就是说，建立苏维埃必须经过苏联的同意。9月，中央政治局会议作出建立苏维埃政权的决定，放弃国民党旗帜。10月下旬，在《布尔什维克》发刊词中，中共中央将"实行苏维埃的政治制度"作为资产阶级民主革命必须完成的任务之一。11月上旬，中共中央正式确立了建立苏维埃政权的方针，认为"一切政权归工农兵士贫民代表会议，是武装暴动的总口号。城市贫民应当包括工匠手工［农］业者及一般非剥削者的小资产阶级"，"现时革命阶段之中，党的主要口号就是苏维埃——无产阶级领导之下的工农民权独裁制性质的政权，只能在苏维埃制度的形式里建立起来"，建立苏维埃的具体路径是"暴动之中要完全以发动群众为主要的革命力量，要广大的民众自己起来，自己感觉到非夺取政权不可，要在暴动期中及暴动胜利之后立刻能组成当地工农代表会议，为革命的权力机关"，通过"工农民众暴动，建立工农贫民兵士代表会议的政权（苏维埃政权）"。建立苏维埃政权在各地陆续爆发的工农武装斗争中，由单纯的宣传口号进入到实际探索的局面。当时中共中央决策层把建立苏维埃政权寄托于武装革命的成功，又把武装革命寄托在城市暴动上，以城市武装暴动作为阶级斗争的最高形式，将等待和依赖革命高潮及发动武装暴动当成是建立苏维埃的唯一出路。这就是在土地革命战争初期形成的来源于苏联经验的"工农武装暴动思想"，与后来基于中国革命战争实践，根据中国革命特点，坚持把武装斗争、土地革命和根据地政权建设有机结合起来，把武装斗争贯彻始终，先在农村建立根据地，由小到大、串联成片，逐步夺取全国政权的"工农武装割据思想"有着本质的不同。

大革命失败，革命人士遭到捕杀

（一）"四一五"反革命政变和广东大革命的失败

"中山舰事件"后，以蒋介石为首的国民党反动派开始撕下伪装，公开暴露反动面貌，积极勾结帝国主义，向蓬勃发展的广东工农运动大举进攻。1927年4月12日，国民党反动派在上海发动政变。几天后，广州发生了"四一五"反革命政变。

国民党中央党部于1926年12月北迁武汉后，为了更好地掌控广州，同时成立了中央政治会议分会，由桂系军阀担任主席。蒋介石在广东所依靠的就是桂系军阀。国民党右派深知要进行反革命政变单靠军事力量是不够的，需要组织一切社会阶层力量来反对革命工农。从1926年12月到1927年4月，国民党右派在思想舆论、组织、军事上积极进行了一系列准备工作。而中共广东区委受陈独秀右倾错误影响，缺乏斗争经验，没有及时向工农群众揭露国民党右派的阴谋，并组织有力的反击。"四一五"反革命政变前，国民党反动派利用广东省总工会和机器工会中的工贼，企图分裂工人运动，积蓄反革命政变力量，便煽动一部分不明大义的工人屠杀工友。从1926年12月起，工人间的纠纷矛盾不断增多，到1927年元旦，发生了引起轩然大波的机器工会武装进攻铁路工会事件。这一事件的真相是，机器工会煽动诱惑粤汉路机器部工人70余人加入机器工会以达到分裂铁路工会的目的。之后，机器工会"恶人先告状"，去函农工厅质询粤汉路工会并以武力威胁，为挑起事端、大举进攻寻找借口。1927年1月2日清晨，200余名暴徒和机器工会中的反动分子用手榴弹、步枪进攻粤汉路工会黄沙宿舍，第二天上午又进攻石围塘广三路工会。这起事件不是偶然发生，而是有计划、有预谋的，实质上是"四一五"反革命政变的预演。而由于中国共产党和革命工会未能有效组织有力的揭发和反击，暴露了自己的弱点，采取所谓的"公平处理""不得寻仇斗殴"的方针，使得机器工会明目张胆地侵入铁路工会，造成了工会的分裂。1927年2月，国际劳工代表团来华参加太平洋劳动大会路过广州，国民党右派出面迎接，大谈特谈国际革命力量的团结；4月初，政治分会的代表到广州工人代表会第四次代表大会上作报告，表示坚决执行孙中山先生的农工政策。而当时广东党组织没能及时揭露这些骗局，也缺少必要的力量动员准备随时应对突发事件，"当时在广州有工会会员近25万人，有枪械的自卫队千名以上，必要时可以得到市郊农民的协助。但是这些力量都没有应战的准备。甚至在工人代表会上黄埔军校学生的代表声称他们不愿为蒋介石等奔走而愿为革命利益奋斗时，也没有得到党的任何号召和指示"。

4月14日，李济深和古应芬在上海参加完会议，于当日下午6时左右返回广州后火速部署实施"清党"，召开紧急会议。参加会议的有国民革命军第五军军长李福林、广州市公安局局长邓彦华、广州警备司令部司令钱大钧等。当晚，军警查封了省港罢工委员会、广东妇女解放协会、中华全国总工会广州办事处、广州工人代表会等团体，逮捕部分群众领袖和一些共产党员，将工人纠察队缴械。另外，驻广州郊外的军校入伍生和黄埔军校学生几乎同时"悉被缴械"。次日凌晨2时，李济深为了落实上海政变会议"清党"方案，宣布广州全市戒严，派兵大肆捕杀共产党员、工人中的积极分子和工农领袖，军警分三路包围和搜查省港罢工委员会、中华全国总工会广州办事处、铁路工会、农民协会、海员工会、中山大学等200多个机关团体学校，进攻粤汉铁路总工会、广九铁路工会、广三铁路总工会等革命工人团体，解除了黄埔军校和省港罢工委员会纠察队武装，广州处于白色恐怖之中。这就是"四一五"反革命政变的整个过程。在这次政变中，广州被捕的共产党员和革命群众高达5000多人，其中2100多人被杀害，刘尔崧、萧楚女、熊锐、邓培、李森、张瑞成、李亦愚、毕磊、何耀全、谭其镜、麻植、熊雄、杨其纲、邹师贞等共产党人和工人领袖约100多人被捕壮烈牺牲。此外，广东省各地被捕、被杀害的共产党员、工人领袖、革命群众不胜枚举。政变加速了大革命的失败。

对于国民党反动派的阴谋活动，中共广东区委在四一二反革命政变前夕已有所察觉。1927年4月上旬，区委曾先后由杨匏安、罗绮园等人主持召开过两次党内活动分子会议，认为"目前局势很严重，蒋介石已从南昌到南京，有苗头准备在南京成立新政府，与武汉国民政府相对抗，大家要有准备，广东要准备干它一场"。当区委获悉李济深、古应芬等参加了上海的反共会议密谋发动广东政变的消息后，断定他们"必定对C.P（按：指共产党）和民众施行高压政策"。此时，中共广东区委书记陈延年等已经到达武汉出席中国共产党第五次全国代表大会而未能及时做出具体部署。在未得到上级指示的情况下，区委赶在李济深等返程前迅速部署了应变计划，下令各地准备武装起义自卫反击，并派专员分赴各地组织武装起义，计划于5月初举行全省总暴动。对于国民党反动派实行"清党"制造的白色恐怖，中共广东区委出乎意料，派往各地指导工作的专员甚至尚未启程就与党组织失去了联系（除派往北江的外），既定的应变方案因来不及实施而未能组织有效反击，处境极为被动，各地党组织损失惨重。

　　"四一五"反革命政变后，国民党反动派在广东全省制造白色恐怖，实施全面"清党"。以李济深为首的国民党广东当局不断强化反动统治机构。1927年5月24日，以李济深、林云陔、詹菊似、曾养甫、李国端、谢治平、罗伟疆、谢瀛洲、陈策为委员的国民党广东省"清党"委员会成立。改组国民党中央政治会议广州分会，由李济深任主席，以李济深、古应芬、宋子文、戴季陶、黄绍竑、李宗仁等为委员。6月24日，改组广东省政府，由李济深、邓泽如等11人为委员。8月1日，李济深就任广东省政府主席。在军事方面，蒋介石从上海拨出预备队3000人由李济深指挥，又将北伐后留守广东的以陈济棠为师长的第四军第十师、以徐景唐为师长的第十三师扩编为国民革命军第八路军，增编以薛岳为师长的新编第二师、以黄慕松为师长的新编第三师，全部归李济深指挥。到1927年夏，广东的国民党正规军已达到3.5万人，以李济深为首的广东国民党政权得到了基本确立。由于国民党反动派的"清党"，广东的反共势力不断增强，大大超过革命力量，形势越来越恶化，广东党组织正面临着前所未有的严峻考验。中共广东区委秘书长赖玉润（赖先声）于4月17日召集在广州的区委成员穆青、罗绮园、周文雍、杨殷、冯菊坡、吴毅等举行紧急会议，商讨对策，决定区委机关迁往香港，暂时撤离广州；同时，在广州成立以吴毅为书记的广州市委。4月22日，广州市委在穆青主持下召开第一次会议，标志着广州市委的正式成立。由吴毅任书记，周文雍、徐文雅（徐彬如）、麦裕成、罗登贤、何潮（何振武）、季步高为委员。4月下旬，中共东江特委在海丰成立，书记彭湃（杨石魂、张善铭先后代理），指导东江地区的党务和军事等工作。6月，中共琼崖特委成立，由杨善集任书记。7月，中共南路特委成立，由彭中英任书记。中共西江特委、北江特委随后成立。在广东党组织领导下，全省掀起了反抗国民党反动派屠杀政策的讨伐蒋介石的武装起义。

杨善集

（二）东江工农武装起义

根据中共八七会议精神，广东党组织要求各地举行工农武装暴动建立苏维埃政权，制订了各县市的暴动计划，实行土地革命。各地在党的领导下纷纷发动武装起义，建立革命根据地，武装夺取政权，其中最具代表性和最著名的是东江地区。有资料显示，"土地革命战争时期，中国共产党在广东东江地区所创建的东江革命根据地，由大小不等的9块县一级的根据地组成"。其中主要有：（1）包括海丰、陆丰及惠阳、紫金两县边界的海陆丰革命根据地；（2）以八乡山为中心，包括揭阳、丰顺、五华三县边界的揭丰华革命根据地（也被称为"八乡山革命根据地"）；（3）以大南山为中心，包括普宁、潮阳、惠来三县边界的潮普惠革命根据地（也称为"大南山革命根据地"）；（4）包括梅县、大埔、丰顺三县边界的梅埔丰革命根据地；（5）包括五华、兴宁、龙川三县边界的五兴龙革命根据地；（6）包括蕉岭、平远、寻邬三县边界的蕉平寻革命根据地；（7）包括潮安、澄海、饶平三县边界及南澳岛的潮澄饶澳革命根据地；（8）包括诏安县边界、大埔、饶平及福建的平和的饶和埔诏革命根据地；（9）包括惠来、陆丰两县边界的陆惠革命根据地。

在中共东江特委领导下，海丰、陆丰、惠阳和紫金等东江地区各县工农武装暴动，在第一次国内革命战争时期影响较大。其中以澄海县的武装起义声势最大，而普宁、海丰、陆丰、紫金、梅县、饶平、大埔等县在起义后分别成立了人民政权。

1927年4月21日晚，受党组织委派，刘琴西秘密来到紫金县，同刘乃宏、钟子廉、缪冠、钟乐善、钟灵、傅森霖、戴耀田等当地党员和进步分子研究组织起义问题。刘乃宏是国民党左派，担任国民党紫金县党部书记，掌握着30多人的武装。以设在谭公祠内的县党部为起义指挥部，刘乃宏派陈运业、戴锡琪、钟敬祖等分别深入群众，联络农民武装，配合武装起义。25日，起义部署引起国民党右派的觉察。国民党紫金县县长郭民发派人到处搜捕刘琴西。刘琴西等果断决定，将在海丰、陆丰、紫金三县同时起义的时间由原计划4月30日晚提前到26日深夜在紫金举行。26日傍晚，共产党员刘乃宏以县党部名义宴请县警卫队队长谢作镛等人，谢作镛等人毫无防备之心，与刘乃宏等开怀痛饮。谢作镛等人被灌得酩酊大醉，饭后被看管起来，解除了武装。暴动总指挥刘琴西在县党部召开核心会议，部署晚上暴动行动。是日深夜11时许，钟乐善、黄国强、陈鹤九等接到攻城命令后，率1000多名农民自卫军（简称"农军"）如猛虎下山，冲出阵地，一下子把县城围得水泄不通。两支青年突击队分别在刘乃宏、戴耀田率领下，迅速架起长梯，从西门明德坊越过城墙潜入城内。刘乃宏和刘琴西率领的起义队伍在城内顺利地缴了军警全部武器，逮捕了10多人，其中包括县长郭民发，释放了被监禁的无辜群众，缴枪20余支。在海丰，吴振民担任起义总指挥，于4月30日黎明率海丰县农军常备队300多人和海丰各区农车统一行动进攻县城，收缴了第一警察署和国民党右派掌握的游击队的枪械，汕尾盐警队100多人也被缴械。同日，陆丰县开始起义，国民党左派、陆丰县县长李秀藩参加了起义，收缴了右派武装的枪械。与此同时，普林、五华等地的群众以及惠阳县的革命武装也先后举行起义。海丰、陆丰、紫金三县于5月1日同时召开万人群众大会，分别成立县人民政府，发表声讨蒋介石的文告。海丰县人民政府由刘沛霖、陈舜仪、杨其珊、刘志云等人组成；陆丰县人民政府由张威、林铁史、庄梦祥等人组成；紫金县人民政府以刘琴西、戴耀田、钟乐善、陈鹤九等9人为政府委员。刘琴西、戴耀田兼任县工农革命指挥部正、副指挥。东江地区农民武装起义取得了胜利。惠阳县农民在起义之前，制订了里应外合攻打平山镇（今惠东县属）的计划。当4月30日深夜起义的枪声打响后，原计划做起义内应的胡谦师邹范（中共秘密党员）营因起义计划外泄，被胡谦调兵包围，邹范仅率一连兵力突出重围，会合由何友逖等指挥接应的农军后向农村转移。6月16日，中共惠州地委书记蓝璇坤等率领惠阳农军400多人再次攻打平山镇，与敌驻军一个团激战3个多小时。但因敌强我弱，起义未能成功。国民党右派对东江地区农民武装起义感到十分惊慌，集中3个团的兵力配合当地民团进行反扑。面对国民党反动派的进攻，起义部队英勇斗争。在中共东江特委的领导下，起义军在刘琴西、林道文、张佐忠等率领下，由海丰、陆丰、紫金、惠阳高潭区转移到海、陆、惠、紫四县交界的中峒，整编为海陆惠紫工农救国军，汪精卫七一五反革命改变后，又改称为工农讨逆军，由刘琴西任指挥，林道文任副指挥。

此时，在各县举行的武装起义中比较有代表性的还有澄海县的武装起义。1922年10月，彭湃在海丰县领导建立了广东第一个农民协会（简称"农会"）组织——海丰赤山约农会。1923年秋，澄海县农会成立，会长杜式榜。1925年，澄海各乡村纷纷成立农会，叫贫农团。当时国民党右派伙同地主富农也成立了一个所谓的农会，减租是假，对抗是真，而且由于当时称贫农团为"红派"，故称反动武装拥立的所谓农会为"白派"。1926年春，澄海县成立第一党支部，辖一区（澄城）、二区（苏南）、三区（东里、溪南、隆都下堡）、四区（樟林、盐鸿）、五区（外砂）等7个区，同年在各区建立特别支部。三区原来基础最好，县农会筹备处成立后，就以这一带作为重点。溪南埠头属三区，设中共党支部、特别支部。1926年11月，澄海县开办农军训练班，黄埔军校第四期毕业生、共产党员陈泽史任农军教练，后由彭丕接任，地址在二区涂城杜氏宗祠。1927年1月，澄海县在澄城凤山小学召开第一次农民协会代表大会暨庆祝"二五"减租胜利大会，各区农会齐集县城。到会群众达3万人，彭湃莅会祝贺并发表讲话。代表资产阶级和地主豪绅利益集团的国民党右派，生怕共产党和农民队伍壮大发展，于4月10日纠集澄城反动民团、流氓200多人，包围县农会、总工会和学校，缉捕共产党人、农会骨干和国民党左派人士。其中，杀害共产党员、农军教练彭丕，并逮捕中共澄海县部委领导和县城中小学革命师生共80多人，制造澄海"四一〇"事件。澄海县部委在澄城不能再立足，遂迁后沟丽泽斋等处。接着，中共汕头地委委员、组织部部长陈国威在后沟批准"四一五"武装起义，坚决要求给予反击，并准备组织武装反抗。4月15日下午，农军即行暴动。澄海县爆发工农武装暴动，在广东省率先发起反蒋武装斗争。澄海县部委成立起义总指挥部，决定全县分为东、西两大战场，分别围攻县城和樟东镇，参加暴动的主力是5000多名农军，有数百枪支、几十门土炮，与国民党防军和民团坚持了近一个月的激烈战斗。还有工会、农会、妇女会员和学生、童子团等各界群众3万多人也纷纷加入起义队伍，控制了通往县城、樟东镇水陆交通。在二、三、六、七区组织收缴警署、民团的枪支弹药，向豪绅富户筹枪、筹粮、筹款，并宣布约法，收缴枪支数百支、土炮几十门，充实了农军的武器装备，安定了农村的秩序。4月18日，举行围攻澄海重镇樟东和国民党反动派驻地澄城东、西线的战斗。进攻西线澄城的农军指挥部设在六区农会（凤翔书院），由陈澄、李铭铨、许泽藻、曾身章等组成，投入战斗的农军2000多人；东线樟东战场指挥部设在三区农会（埔头章厝祠，即章氏宗庙），由王绍杰、余斯仁、詹天锡、张福海等组成。农军分五路将樟东团团围住，至5月上旬发动强攻东里的战斗。5月中旬，国民党潮梅警备司令部从漳州、梅县、汕头三地调集3个营，即从漳州调来第二十七师第一补充团第二营，从梅县调来第二补充团第三营七、八、九连和第一营二连，从汕头调来独立营第二、第三连，配合澄海地方反动武装镇压农军起义。农军从5月12日起与敌多次展开激战，于5月16日全部撤出战斗，坚持了一月之久的"四一五"武装起义被镇压。随后国民党反动派实行残酷的"清乡"政策，先后对二、三、六区的农会乡村进行逐个"清乡"。缉拿党、团员和农会骨干及其家属，烧毁农军驻过的祠堂、农会会址，农会被逼解散，会众逃匿、背井离乡，家破人亡。仍有少部分人随队伍转移潮澄饶交界的青岚山打游击，在党的领导下，配合全国其他地方的革命力量，继续坚持与敌人展开艰苦的斗争。虽然武装起义遭到国民党右派的镇压而失败，却为后来的斗争保存了有生的骨干力量，为中共澄海组织长期的革命斗争打下基础，被誉为"广东反蒋第一枪"，也是全国首例由中国共产党领导的大规模武装反蒋暴动，比八一南昌起义和秋收起义早3~5个月。9月中下旬，南昌起义军进军三河坝、潮安县城，澄海县部委先后几次在丽泽斋召开会议，部署军事行动予以策应。在南昌起义军帮助下，澄海县建立第一个红色政权工农革命政府，县长为邹克英。由于只存在三天，史称"三日红"。

同时，在五华县，4月15日也发生了农军武装反抗斗争。五华农军领导人古大存率部在横陂与国民党军队宋世科团和地方反动武装共1000多人展开战斗。附近各乡村的农军和农民闻讯纷纷赶来增援，先后加入战斗者有上万人。他们手持土枪、土炮和刀棒向敌军发起反击，打死、打伤敌军10多人，于当天将敌军击溃。在揭阳县，党组织领导第四区农军300多人，于4月17日出击驻罗山的敌军。沿途加入战斗的农军和群众有上万人。敌军匆忙抵抗后败往县城。农军遂围攻县城，坚持了两天。敌军于第三天从汕头赶来增援，农军才撤退。4月21日，党组织发动第二区数千名农军和群众攻占了炮台镇，三天后才撤往桑浦山上。在丰顺县，为营救被捕的县农会干部，党组织于4月21日指挥农军400多人包围了县政府，强烈要求释放被捕人员，遭当局拒绝后，农军遂以武力劫狱，与警察激战两个多小时。5月15日，中共丰顺县委组织各区农军和农会会员共5000多人，分五路向县城丰良镇发动进攻，战斗从早上延至下午。驻汤坑的保安队急忙赶往县城增援，农军见形势不利，才撤往九龙嶂山区坚持斗争。在普宁县，在以李芳岐（李运昌）为主席的潮（阳）普（宁）惠（来）三县军事委员会和中共普宁县部委的指挥下，潮阳、普宁、惠来3个县的农军4000多人于4月23日发起围攻普宁县城的战斗，将地主武装1000多人困于城内。在饶平县，党组织领导人杜式哲等率领县农军和农会会员共1000多人于5月5日举行起义，攻占了上饶区署和县城，在释放被关押的革命分子、惩处多名反动官吏和豪绅后，农军于当天下午主动撤离县城。5月12日，以工人、学生为主力的梅县武装起义爆发。

　　"四一五"反革命政变后，在东江地区，除上述各县举行了武装起义之外，潮阳、惠来、大埔、潮安等县在当地党组织的领导下，也先后举行了工农武装起义。中共潮阳县部委领导农军300多人攻进了县城，支援城内工人的斗争，坚持了10多天后撤往海陆丰。惠来党组织发动农军3000多人攻占了与海丰交界的葵潭镇，并消灭了隆江镇警备队一个中队40余人，随后又击退该部300多人的进攻。大埔县农军于起义后攻占了县城茶阳镇，并成立了以大埔党组织领导人郭栋材为主席的大埔县人民政府。据不完全统计，1927年4月中旬至7月间，东江地区有16个县先后举行了18次武装起义。这一系列起义，对中国共立党独立领导武装斗争，探索武装夺取政权的道路做了有益的尝试。

（三）琼崖武装起义

1927年4月，蒋介石在上海发动了四一二反革命政变，大肆逮捕屠杀共产党员和革命群众。4月15日，广东的国民党反动派发动"四一五"反革命政变，血洗广州。4月22日凌晨，国民党琼崖当局也向共产党员和革命群众举起了

琼崖武装起义的勇士

屠刀。

"四一五"反革命政变后，中共广东区委指派冯振藩、孙成达传达给琼崖地委就蒋介石叛变的问题发出紧急指示。与此同时，国民党右派屠杀共产党人的"清党"密令也由邢觉非带回琼崖。敌我双方带信的人员，竟然搭的都是广州至海口的一艘轮船，同时于4月21日上午抵达海口。冯振藩、孙成达因对府（城）海（口）地区不甚熟悉，登岸后经过一番周折，才将紧急指示送到琼崖地委。指示大意是：国民党右派背叛革命，屠杀共产党人，琼崖党组织要做好准备，绝对不能让敌人破坏中共组织和获得党的机密文件，党、团负责人要离开，党的领导机关和工作人员必要时可撤出城市转移农村。中共琼崖地委书记王文明接到指示后，指派郭儒灏、朱柳溪分头通知府海地区一些主要负责人，暂离机关，潜伏待命；而后，王文明、陈垂斌、周逸、何毅等携带党的重要文件离开海口，撤到乐会县第四区农村。但是由于时间仓促，许多同志因来不及撤离而罹难。黄镇球、叶肇接到国民党广东反动当局"清党"密令

王文明

后，立即发动反革命政变。4月22日凌晨，琼崖反动当局的军警、国民党党部的右派分子、海口工人代表会的工贼、地主恶霸、流氓地痞等倾巢而出，解除工人纠察队的武装，扣押琼崖高级农民军事政治训练所（简称"农训所"）学员，包围国民党海口市和琼山县党部、琼崖总工会、海口市总工会以及各革命团体和学校，大肆搜捕和屠杀共产党员及革命群众。在这次反革命政变中，被捕牺牲的有琼崖妇女解放协会负责人陈玉婵、中共琼崖地委委员李爱春、国民党琼崖特别委员会委员符国光、琼崖总工会负责人吴清坤、海口市总工会负责人林平等200余人。大屠杀中，为了掩人耳目，国民党反动派枪毙一部分被捕者后，由公开枪决改为夜间秘密处死，包括用铁丝或绳子勒死、活埋等，其残忍手段令人发指。许多烈士在临刑之前，高唱《国际歌》，高呼"打倒国民党反动派！""中国共产党万岁！"敌人为了禁止他们呼喊口号，竟然灌注烈性毒药，毁其喉、灭其声，然后杀害。李爱春被捕后，面对敌人的严刑逼供，坚贞不屈，最后被敌人拉到五公祠后米铺村边，用铁索勒死。据统计，在政变中全岛被捕的共产党员、革命群众有2000余人，被杀害500余人。

琼崖"四二二"反革命政变后，根据中共广东区委的指示，琼崖地委主要负责人和大部分党员在革命群众掩护下，先后转移到各地农村。以王文明为书记的中共琼崖地委立即将地委机关从海口转移到乐会县（今琼海县）第四区，并紧急通知党的主要干部和各县、市党的领导机关向农村转移。王文明、陈垂斌等带着党的重要文件转移到乐会县第四区农村，许侠夫、罗文淹撤到文昌，冯白驹撤到琼山，冯平事前已在临高。4月下旬至5月初，按中共琼崖地委的指示，乐会、万宁两县农民武装，以及琼崖农训所学员和在农训所学习的乐会、万宁两县学员共200余人，相继集中到乐会、万宁两县边界的军寮村。在王文明的主持下，将其中骨干组编成一个大队，下辖两个中队，由黄埔军校毕业生、共产党员陈永芹任大队长，当天在军寮岭和前来进攻的国民党驻分界圩两个排进行战斗。陈永芹率精干农军，在军寮岭迎击敌军，一举将其击退，打响了琼崖党组织武装反抗国民党反动派的枪声。5月13日，琼东县党组织率领仲恺农工学校全部学员和县农训所学员，以及农民武装共300余人从县城和嘉积镇撤到郭村、礼昌村一带农村，编成一个武装大队，下辖两个中队。5月16日，武装大队在郭村、礼昌村同前来进攻的国民党驻嘉积部队、嘉积商团和大路民团进行英勇的战斗。在陵水县，黄振士根据中共琼崖地委的指示，迅速率领县党政机关和县农训所学员120余人从县城撤到西区坡村，并击退反动县长邱海云的进攻。在文昌、琼山交界的农民武装人员100多人，在琼山县坡上园潭袭击敌护路军车，经过一小时的激战，终于把顽抗之敌击溃，击毙敌排长、击伤士兵多人，并缴获其全部枪支。此外，文昌、定安、澄迈、临高等县的党组织和武装人员也都先后转移到农村，坚持斗争。

琼崖党组织在革命转折关头，把武装力量撤到农村，为后来创建工农武装准备了条件。中共琼崖地委撤到乐会县第四区后，立即召开群众大会，揭露以蒋介石为代表的国民党反动派屠杀共产党人和革命群众的滔天罪行，号召人民继续坚持斗争。经过努力，逐渐恢复了中共琼崖地委领导机关的工作。在革命斗争处于紧要关头，中共广东区委为了加强琼崖党组织的领导，派杨善集回琼指导工作。杨善集在潜渡琼州海峡到达海口之后，便前往琼东、乐会一带寻找党组织。不久，到达乐会县第四区，找到了琼崖地委。6月，琼崖地委在乐会县第四区的宝墩村李氏祠堂召开紧急会议。杨善集在会上传达了中共广东区委关于"组织武装，恢复农村工作，以革命红色恐怖镇压反革命的白色恐怖"的指示精神。会议根据中共广东区委的指示和琼崖的实际情况，确定了琼崖党组织的当前中心任务：在政治上，揭露蒋介石叛变革命、屠杀工农的罪行，继续宣传孙中山的"三大政策"，密切注意武汉国民政府的动向；在组织上，迅速恢复和发展党的各级组织和革命群众组织；在行动上，立即深入发动群众，收集枪支弹药，建立工农武装，以革命的红色恐怖反抗反革命的白色恐怖。会议还根据中共中央的指示，决定将中共琼崖地方委员会改为中共琼崖特别委员会。选举杨善集、王文明、冯平、许侠夫、陈垂斌、罗文淹等为委员，并成立了军事委员会和肃反委员会；杨善集任琼崖特委书记兼军事委员会主席，王文明任肃反委员会主席。这次会议及时为琼崖革命指明了前进方向，鼓舞了琼崖人民的斗志，明确了恢复和发展党的组织，在农村建立工农武装，以革命武装反抗反革命武装为当前中心任务，加速了琼崖共产党独立领导武装斗争的步伐。

会后，中共琼崖特委成员分赴各县部署、指导工作，反抗国民党反动派血腥屠杀的武装斗争迅速展开。6月至7月间，杨善集、陈永芹率部袭击中原团局和坡村、迈汤等地民团，进攻卜熬港警察局和盐务所，缴获了一批枪械。文昌、琼山、万宁等县的革命武装也采取行动打击地主民团，取得了一系列胜利。7月10日，在中共琼崖特委委员冯平、临高县支部书记王超的领导下，临高县农军400余人举行武装起义。在陵水县，琼崖"四二二"反革命政变后，由黎族共产党员黄振士任书记的中共陵水县支部，根据琼崖地委的指示，立即将党的机关和农民运动训练所学员120多人撤至西区坡村黄振士家乡。随后，到各区、乡发动群众，还动员、争取了王昭夷等黎族峒主，将他们所带的武装编入农军。至5月中旬，加入农军者达七八百人，遂成立了以黎族同胞为主体的陵水县农军。24日，陵水县农军英勇击退了由县长邱海云指挥的反动武装300余人的进攻，毙敌10余人。

在此期间，文昌、琼东、定安、乐会、万宁、陵水、澄迈、儋县、临高等县以"革命军""讨逆军""自卫军"等名号相继建立起革命武装。中共琼崖特委决定将各县革命武装统一改编为琼崖讨逆革命军，设司令部，由杨善集任党代表，冯平任总司令，陈永芹任副总司令。各县为一路军，共9路军，不久发展为11路军，在党的领导下，为琼崖革命斗争的发展创造了重要的条件。

（四）全省各地的武装起义

广州工农武装起义。"四一五"反革命政变后，按照中共广东区委的部署，广州的工农武装在党组织领导下进行了英勇的自卫反击。驻守在越秀南路惠州会馆、石围塘的广三铁路总工会、中华全国总工会广州办事处、东园省港罢工委员会和广九铁路总工会的工人纠察队，以及由党掌握的、驻守芳村的缉私卫商保卫团，均与敌军展开了激烈的战斗。从1927年4月15日深夜2时许到次日上午10时，粤汉铁路工人纠察队和南海县农军共1000多人一直坚守在黄沙粤汉铁路总工会，伤亡100多人，击毙、击伤敌军近百人。虽然武装抵抗最后都因寡不敌众而以失败告终，但是在党的领导下发动的讨蒋武装起义在全国迅速产生极大的影响。

北江工农武装起义。据有关历史文献资料所载，除国民革命军的部队外，北江（即粤北，今韶关市和清远市）工农军是唯一一支参加过南昌起义的地方武装。北江工农军是在1924年国共合作方针指引和工农运动推动下成立、发展和壮大起来的。四一二反革命政变后，中共广东区委决定在5月初举行全省的总起义反击国民党反动派，决定组织工农讨逆军。为加强对各地的领导和贯彻好中共广东区委的决定，广东区委派出区委委员罗绮园、广东省农会执委会常委周其鉴到韶关向北江地委传达广东区委的有关指示。中共北江地委和广东省农会北江办事处决定，以国民党左派、驻韶关国民革命军第二军教导师陈嘉祐部为主，组织北江工农武装，决定将广州黄沙铁路、英德铁路、韶关铁路的130多支工人纠察队改为工军，通知曲江、清远、英德、乐昌和仁化等县的农军集中韶关，准备攻打广州。此时，国民党广东当局发动"四一五"反革命政变致使全省总起义计划不能实现。罗绮园、周其鉴与中共北江地委决定放弃反攻广州的计划，组织集中北江地区的工农武装，其中包括参加英德武装起义的部分武装共1000余人，组成广东北江工农自卫军，由罗绮园任总指挥，周其鉴任副总指挥，朱云卿任参谋长。"四一五"反革命政变后，陈嘉祐奉武汉国民政府命令，联合北江共产党和工农各界，决定在韶关成立有共产党人参加的南韶连政务委员会，行使地方政权，以陈嘉祐为主席，统一民政工农各界，脱离国民党广东当局，接受坚持国共合作的武汉国民政府的领导，应付反革命之蠢动。随后，由李济深任命的北江前线总指挥钱大钧率兵万余人和炮舰8艘、飞机2架，大举向北江进攻，企图消灭北江的革命力量。在这种形势下，陈嘉祐部奉令退守湖南，北江形势急剧变化，北江的革命也处于危急关头。如陈嘉祐部北撤，那么北江工农军必将失去重要的依托。但是如果随陈嘉祐部北上，给养又是大问题。为了保存革命实力，经与陈嘉祐部协商，陈嘉祐同意解决北江工农军北上的给养问题。北江工农军决定随陈嘉祐部北上武汉，后来参加了南昌起义。

西江地区的工农武装起义。西江地区党组织在四一二反革命政变后遭到严重破坏。1927年4月中旬，农民运动领袖黄学增受中共广东区委指派前往西江领导组织武装暴动。从4月下旬至8月底，黄学增领导发动郁南都城暴动、肇庆反蒋起义、四会人民反抗斗争、罗定和横岗暴动等武装起义。8月至11月，中共西江特委先后领导发动高要乐城、广宁江美坪、广利等地武装暴动，有力地打击了敌人。1928年1月，广宁暴动（即螺岗暴动）爆发，宣布成立广宁县苏维埃政府，农民赤卫队300余人进驻螺岗，召开群众大会，有3000多人到场参加，影响很大。

在中国共产党领导下，从1927年4月15日到8月1日，为了反抗国民党反动派的白色恐怖和血腥屠杀，广东全省进行了可歌可泣的英勇斗争，举行了声势浩大的讨蒋武装起义。广东党组织在领导和发动各地武装起义过程中得到迅猛发展，威震南粤，范围拓宽，鼓舞了人民斗志，给敌人以沉重打击，影响深远。如此全省性的大规模的武装起义不在其他地方爆发，而是在广东，这离不开广东这片南粤土地上所特有的文化传统和历史条件。从全国各地当时的革命形势来看，无论从革命环境、军事准备，还是群众基础、党的领导，恐怕只有广东才具备条件能够在短时期内组织和发动讨伐国民党反动派如此大规模的武装起义。其中，最主要的原因在于广东是全国建立党组织最早的地区之一，是国民革命的策源地，在党的领导下工农运动得到较大发展，这些都为立即在全省各地组织大规模的讨蒋武装起义提供了组织条件。同时，中共广东区委最早建立了军事领导机构，随着工农运动的发展，广东的工农武装也得到快速发展，并在全省形成规模，不断壮大。早在1924年，广东就组织成立了农团军和工团军；1925年，省港罢工委员会成立了2000余人的工人纠察队，至年底，全省农军已达3万人。党不仅注意建立和发展工农武装，而且也培养出一批军事骨干，特别是在广州的农民运动讲习所以及在北江、东江和海南等地主办的农民运动讲习所、农军学校等所培育的军事骨干分布全省乃至全国。广东党组织在全省建立了数以万计的工农武装和培养了大批军事骨干，为讨蒋武装起义做了军事上的准备。这一系列武装起义表现了共产党人和工农群众在敌人的血腥屠杀面前奋起抗争的大无畏精神，是中国共产党领导革命人民武装反抗国民党反动派的伟大开端，从而揭开了土地革命战争的序幕，鼓舞了共产党人和人民群众的革命斗志，同时也为中国共产党探索武装夺取政权的道路做了有益的尝试。

二 广州起义

　　1927年12月11日，中国共产党在广州领导工人、农民和革命士兵举行的反抗国民党反动派的武装起义，史称"广州起义"。这是在中国共产党领导下，继南昌起义、湘赣边秋收起义后，又一次对国民党反动派的英勇反击，是在城市建立苏维埃政权进行的一次大胆尝试，开启了中国苏维埃运动的历史，在国内外都引起了相当大的震动。

广州起义烈士永垂不朽

（一）起义的决策

中共八七会议后，中央和广东省委即开始策划在广州举行武装起义。根据共产国际执行委员会的紧急指示及苏联顾问鲍罗廷的指导，1927年7月12日，中共中央在汉口进行了改组，产生了由周恩来、张国焘、李立三、李维汉、张太雷组成的临时中央委员会，并代行中央政治局的职权，讨论挽救时局的办法。为了回击国民党反动派的残酷屠杀，决定在工农运动群众基础较好的湘、鄂、赣、粤四省举行秋收武装暴动；由李维汉、张太雷、瞿秋白尽快筹备召开中央紧急会议以确定党的新方针；决定在北伐军第二方面军总指挥张发奎部队中发动军事暴动。中央派周恩来赶赴南昌，领导发动南昌武装暴动。8月1日爆发的南昌起义打响了武装反抗国民党反动派的第一枪，具有重要的历史意义。8月3日，中央制定《湘鄂赣粤四省秋收暴动大纲》。8月7日，中央在汉口召开紧急会议，讨论新时期的新政策，史称八七会议（也称"汉口会议"），选举出以瞿秋白为首的临时中央政

瞿秋白

治局。8月9日，临时中央政治局召开第一次会议，瞿秋白、苏兆征、李维汉当选为临时中央政治局常务委员会委员。在这次紧急情况下召开的八七会议上，临时中央政治局通过了《最近农民斗争的议决案》，明确了党的主要任务，认为秋收时节是农村阶级斗争最关键的时刻，要利用好这一关键时期，有计划、有系统地准备发动农民总暴动。八七会议是在革命处于严重挫败的危急时刻召开的，举起了土地革命和武装斗争的旗帜，为土地革命的开展指明了方向。

八七会议结束后，张太雷、毛泽东作为新当选的临时中央政治局候补委员分别奔赴广东和湖南传达落实会议精神，发动武装暴动。1927年8月19日，张太雷秘密到达香港召集中共广东省委负责人开会。次日，按照中共临时中央政治局相关指示，他主持中共广东省委会议，传达了八七会议的相关决定和指示。会议经过认真讨论，一致拥护八七会议通过的决议案，讨论了广东的革命形势，制订了全省暴动计划。一是举行武装起义，策应南昌起义军南下，武装工农，建立工农革命军，并使之在中国共产党的领导下，彻底解除敌人武装；二是建立工农民主政府，没收反革命分子、大地主和土豪劣绅的财产和土地，分配给退伍的革命军人和无地的农民，从根本上铲除封建统治；三是武装暴动后要联合国民党左派并重新组织国民党党部，各地由共产党员及工农分子占领导地位。为了更有效执行暴动计划，广东省委认为有必要在广州、北江、西江成立暴动委员会，并由省委派人到各地指导工作。8月22日，会议结束后，张太雷代表中共广东省委第一时间写信给临时中央政治局，汇报了省委传达贯彻八七会议决议案的基本情况以及省委制订的暴动计划。当天，中共临时中央政治局便致函南方局向广东省委转达中央意见，询问："对暴动的工作是否已经准备到即时发动？"并提出如叶挺、贺龙军"能早拿住东江两个星期"，则"可以进击敌军夺取广州"。广东省委提出"广州暴动即在我军进攻石滩时，沿三条铁路之工农及市内罢工工人、工代会工人同时动作，定可成功也"。9月9日，中共临时中央政治局正式批复同意了广东省委拟订的暴动计划，做出了夺取广州，建立中国临时革命政府，将中央迁往广州的部署，多次致函广东省委，谓"中央对于你们的暴动计划均大致同意，惟须立即开始，不要等待贺、叶军队到来，技术上并可参照两湖暴动计划"，并指示广东各地农军应"以围攻广州为主要目标"，"广州城内，即须准备暴动"，"叶、贺军应与农民军结合，直奔广州，沿途不能濡滞观望"，夺取广州后，则成立中国临时革命政府，等等。张太雷于9月由香港秘密到达广州，开展广州工人运动，着力部署全省的武装暴动，"积极准备在广州举行武装起义"。9月21日，广东省委发出《通告第九号——目前暴动策略应注意的十件事》，向全省各地提出了暴动的策略，要求将广州市暴动委员会改为广州市革命委员会，迅速举行工农武装暴动，配合南昌起义叶挺、贺龙的部队南进广东。9月29日，张太雷在汕头致函临时中央，"广州暴动的准备积极进行"。

10月初，南昌起义军一路南下，到达潮汕地区。12日，临时中央致信南方局和广东省委，决定"广州暴动的计划应即停止"，要求配合做好叶挺、贺龙部队的南下工作，集中力量组织和发动工人运动。15日，南方局和广东省委在香港召开联席会议，会议由临时中央政治局候补委员张太雷主持。在会上，张太雷作《"八一"事件之经过、失败原因及其出路》的报告，通过了《通告第十四号——最近工作纲领》，通过了组织问题、宣传问题、工人运动、农民运动等方面的决议，确定了南方局和广东省委的名单，确定了南方局、广东省委《目前暴动工作大纲十条》，指出"各地仍积极准备，一有机会就发动起义"，要求各地做好发动群众的工作，积极开展工农运动，为暴动做充分的准备。

为此，广东省委通过多方面工作积极争取国民革命军第四军军官教导团、警卫团等参加广州起义。教导团原由叶剑英任团长，团内有几百名共产党员和共青团员。党组织送《红旗》《工农小报》给进步官兵阅读，在官兵中新吸收了120多个党员，秘密召开党员会议，讨论起义问题。警卫团是起义将要爆发时才正式建立的，由叶剑英推荐梁秉枢、张诗教（均为共产党员）为正、副团长，还安排了许多共产党员到该团工作。党组织还将"四一五"反革命政变后工人秘密武装，比如工人自救队、剑仔队、省港罢工工人利益维持队等，打破工会组织系统而统一编为工人赤卫队，成立指挥部，由周文雍任总指挥。教导团、警卫团和工人赤卫队是参加广州起义的骨干力量。

为配合广州起义，广东省委还对全省暴动做出具体部署：已撤退粤北的南昌起义军朱德部，兼程向广州进发；海陆丰工农武装向惠州方向发展，直趋广九路；西江各县农军举行暴动，牵制张发奎在西江的军队；东莞、宝安、南海、花县农军与广州同时起义。

11月16日，瞿秋白发表文章《中国革命是什么样的革命》，认为秋收起义失败"乃因为单是农民暴动而没有暴动的城市做他的中心和指导者"，并得出结论，认定"必须工人阶级负起全负的责任"才是革命胜利的关键。11月上旬，张太雷赴上海，参加中央临时政治局扩大会议，并与中央具体研究广州起义的问题，决定"把广州暴动立刻造成一个全省暴动的局面，来完成并保障广州的胜利"。11月17日，中央指示广东省委在广州实行暴动，要求广东省委发动农村的和城市的暴动，公开发表《号召暴动宣言》，举行政治总同盟罢工；东江工农革命军直扑广州，沿途扩大土地革命；广东各地发动农民起义，配合广州暴动，"会合成总暴动，以取得广东全省政权"，在军事方面，要求"省委下设一军委，以熟悉军事同志组织之，为省委之下军事计划机关"。同时，中央决定改组广东省委，张太雷任书记，张太雷、恽代英、张善铭、黄平、陈郁、黄谦、周文雍为常委。

张太雷

11月26日，张太雷等从香港秘密返回广州，当晚即召开广东省委常委会议，传达中央指示和11月在上海召开的临时政治局扩大会议决定，发布了《中国共产党广东省委号召暴动宣言》，通过了相应的决议，决定将起义时间定在12月12日。张太雷、黄平、周文雍3人组成革命军事委员会，张太雷任书记兼管军事，周文雍兼任广州工人赤卫队总指挥，黄平兼任广州市委书记。革命军事委员会同时作为起义总指挥机关，任命叶挺为总指挥，叶剑英为副总指挥。11月28日，广东省委发表《号召暴动宣言》。12月4日，张太雷召集警卫团、教导团、黄埔军校特务营等200余名共产党员和积极分子在黄花岗开会。12月5日，中央函复广东省委，赞成暴动计划，要求"注意广州市及四郊工农群众之发动"，指出"以广州为集中的目标——夺取省政权是对的，但是，千万不要忽略了乡中土地革命"。12月7日，广东省委秘密召开工农兵代表大会，准备发动起义。不料，设在小北街大安米店的工人赤卫队武器转运站被敌人发现，老板被捕后供出实情，也有教导团的反动分子告密。

汪精卫得到相关情报后，连夜指派其妻陈璧君赶赴广东，面告张发奎要对工农武装暴动立即镇压。同年9月初，汪精卫因在宁、汉、沪合作的"中国国民党中央特别委员会"中没有掌握实权，企图据有广州，另组中央党部和政府与南京特别委员会对抗，于是勾结张发奎，命黄琪翔带领第四军回粤。不久，黄琪翔率部从九江出发，经南昌、丰城、吉安、泰和、赣州开回广东，参与策划武装镇压起义军。汪精卫、张发奎、顾孟余、陈公博等人谋划以黄琪翔的第四军为主力，与原在广东的黄镇球、薛岳两师于11月17日发动"张黄事变"，改组广东省政府和政治分会，占领广州的中央机关和地方军政机关，命黄琪翔担任广州卫戍司令。事变发生后，驻东江的陈济棠部和蒋光鼐、蔡廷锴部回师广州讨伐，广西方面由黄绍竑率师沿西江东下，夹击广州。汪精卫连发三电，要张发奎、陈公博、朱晖日火速解散教导团，查封工人赤卫队总部。张发奎、黄琪翔决定将第四军主力调到东江和西江布防。12月9日，汪精卫致电张发奎、陈公博："所部凡有纵容共党者，立即严加惩办"，"饬军警严拿匿迹苏俄领事署内之共党，如苏俄领事有包庇情事，应即勒令出境"，"于得电后立见施行"。12月10日，汪精卫又致电陈公博、张发奎："请兄等坚决反共"。张发奎等遂"连日密议"，作出了镇压广州革命分子的决议。张发奎没有立即动手，但积极准备镇压广州起义，密调黄琪翔部队从西江赶回。在此危急时刻，12月10日，叶挺按照中共中央指示要求从香港来到广州担任广州起义的军事指挥。当晚，张太雷、叶挺、叶剑英、恽代英、周文雍、杨殷、聂荣臻等进行了相关部署，决定将原定12月12日的起义提前举行。

（二）起义的英勇斗争

1927年12月11日凌晨3时30分，沉睡的羊城被枪声惊醒。国民革命军第四军军官教导团、黄埔军校特务营、警卫团一部、广州工人赤卫队以及南海、花县农民武装等共6000多人，在张太雷、叶挺、叶剑英、恽代英、周文雍、杨殷、聂荣臻、黄锦辉、陈郁等组织和领导下，联合举行起义。广州市工人及在广州的越南、苏联、朝鲜部分革命者共约2万人，也参加了起义。凌晨2时，张太雷、叶挺、徐光英、周文雍、恽代英等同到北较场四标营教导团驻地，部署起义工作。任命李云鹏为团长，叶镛为第一营营长，赵希杰为第二营营长，饶寿柏为第三营营长。3时30分，全团集合誓师，张太雷、叶挺作了演说，宣布"暴动"和"夺取政权"的口令，打响了起义的枪声。

国民革命军第四军军官教导团共分三路出击。北路攻击观音山和省长公署，由教导团第三营负责。中路攻击东较场、广九车站和公安局，由教导团第一营和工人赤卫队第一联队负责，徐光英率领。东路由教导团第二营负责，叶挺亲自率领，乘坐汽车直赴沙河镇、燕塘，解决步兵团、炮兵团部，又回师黄华路，攻击造币厂和文德路上的敌第十二师后方留守处。在东较场强攻薛岳司令部,这是11日凌晨起义军的第一战。担负主攻任务的是教导团炮兵连第三排。起义部队在篱笆外一字形散开,向营房内开枪射击,哨兵惊慌失措,仓皇退进营内。起义部队战士冲了进去,首先缴了卫兵的武器,继续冲进大楼,司令部里已空无一人,便轻易地占领了薛岳司令部,俘虏了四五百名敌人。起义部队把敌人集中起来进行训话,缴获3门迫击炮、4挺重机枪及上千支步枪和许多子弹。教导团六连担负攻占广九车站的任务。这是进入广州的东南门户,有敌保安队和英国兵各一个中队驻守,听到起义军在东郊和市区响起枪炮声,早已做好防守准备。当六连官兵到达车站发起攻击时,守敌进行顽抗,战斗非常激烈,双方相持不下,六连要求炮兵支援,其中有三发命中车站,敌人见势不妙,不敢再战,慌忙登上汽车向石龙方向逃窜,起义部队顺利占领广九车站。教导团工兵连担负攻打广东省政府、财政厅的任务,工人赤卫队第五联队配合。没有经过激烈战斗,守敌就开门投降了,起义部队占领了广东省政府和财政厅,缴获上百支德国造驳壳枪。

警卫团负责攻打观音山。这是北面进入广州的咽喉,是控制市区的制高点,成为敌我双方争夺的主要阵地。观音山脚驻有第四军警卫团第一营,这个营是由第四军特务营改编建成，是张发奎的亲信部队。在警卫团团长梁秉枢的率领下，先对反动的参谋长唐继元和十连连长黄霖进行处决，由第三营担任主攻。警卫团的革命官兵还分头攻打文德路仰忠街第四军军械库、驻长堤肇庆会馆的敌第四军司令部和第十二师后方留守处。驻观音山的第四军警卫团第一营营长张强光公开反抗起义，负隅顽抗，梁秉枢前往解除其武装被击伤。教导团第三营赶到后，会同警卫团起义官兵，击败顽抗之敌，于11日6时许占领了观音山，控制了广州的北大门。教导团第三营和警卫团第三营负责攻打设在肇庆会馆的敌第四军司令部，这是第四军新编第一营的部队，配有轻、重机枪，武器精良，弹药充足。守敌一早做好准备，构筑了一条防御工事，并在各层楼上的窗口和天台上架设轻、重机枪。起义枪声打响以后，敌人立即还击，火力既猛又密，阻止了进攻，一部分起义战士壮烈牺牲，形成对峙。总司令叶挺和参谋长徐光英派去的侦察小组王若冰等3人来此了解战况后，立即乘车返回总指挥部，向叶挺、徐光英汇报，他们决定立即派一部分完成任务的教导团战士和工人赤卫队员前往增援。增援部队到达后，配合主攻战士，冒着敌人猛烈火力，利用屏障一寸一尺地隐蔽前进，英勇战斗。当起义军攻占了敌人大门外的工事时，敌人停止了射击，升起了白旗，准备投降。出人意料的是，距离肇庆会馆约1000米处的江中，突然开过来4艘英、法帝国主义的军舰，从侧面向起义部队发射炮火，守敌的轻、重机枪又重新射击，配合作战。起义部队伤亡不少，只好又隐蔽在街道两旁，未能将敌第四军司令部攻下。

在王侃予率领下，黄埔军校特务营从黄埔岛乘渡船过江，处决了几名反动军官，攻占鱼珠炮台。徐向前指挥工人赤卫队第六联队首先冲进警察局，把睡梦中的一个班全部缴械后，与埋伏在国民党军政机关附近的各路工人赤卫队向攻击目标出动。

在中国共产党的领导下，广州工人赤卫队3000余名队员参加起义，按照预定时间出击。第一联队和敢死连攻打公安局；第二联队攻打七、六、二区警署和广九车站；第三联队攻打驻太平戏院的保安队、五区警署；第四联队攻打驻大佛寺的保安队、四区警署；第五联队攻打省长公署、德宣路的警署及驻观音山的敌军；第六联队攻打芳村警察局、石围塘的保安队和广三铁路车站；第七联队为机动联队，负责支援各处作战。在黄埔军校毕业的一些越南革命者和工人赤卫队并肩战斗。

各地农民武装力量也英勇参加起义。市郊西村的农军协助攻击驻陈家祠的敌军，南海县部分农军与由广三铁路工人和芳村、花地农军合编组成的工人赤卫队第六联队联合攻占了石围塘广三铁路车站；花县、清远两县农军和市郊聚龙村等地农军共数百人直奔广州，参加了攻打省长公署、市公安局和观音山的战斗；南海县农军在大沥等地起义，广九铁路沿线的农军拆毁铁轨，阻击国民党往广州运兵。

从12月11日凌晨3时30分广州起义打响后，参加起义的教导团、警卫团的官兵和工人赤卫队的队员及黄埔军校特务营和各地农民武装力量互相配合、分头出击，向全市10多个主要据点和重要基地发起迅猛进击，经过3个多小时的激烈战斗，只剩下敌第四军司令部、第四军军械库、第十二师师部、中央银行、检察院、李济深公馆等没有攻下，已经攻克占领了近10个敌人阵地，初战告捷。

张发奎、陈公博、黄琪翔、朱晖日等人逃到珠江南岸后，匆忙赶到江门和肇庆等地，调集军队，逐渐对广州形成合围之势，开始反扑。张发奎和黄琪翔分别乘坐"宝璧号"军舰和"江大号"军舰指挥海军炮击长堤，和帝国主义联合起来，围攻起义军。此时，法军调水兵400人、英军调水兵2000人、日军调水兵300人共守沙面。美国军舰"沙克拉号"、英国军舰"摩轩号""莫丽翁号"、日本军舰"宇治号"共同掩护国民党军队渡江，并派出陆战队登岸。

12月12日上午，李福林任军长的第五军的两个团由兵舰掩护，从珠江南岸渡江，分两路进攻江北市区，敌军从韶关调来的两个团于午后赶到，即猛扑观音山，并突破阵地，攻占了观音山的一些山头，迫近起义指挥部。张太雷参加完群众大会由西瓜园乘车到前线指挥作战途中，不幸中弹牺牲。广州起义骤失指挥重心，叶挺、聂荣臻登上财政厅房顶观察战况，鉴于敌军已包围广州，建议起义指挥部组织撤退。是日晚，起义指挥部决定撤退，主要领导人进行分散转移，有的奔向东江，有的去了香港、九龙，有的从香港转赴上海党中央，撤出广州的起义军民，分别向东江、北江转移，一部分武装连夜撤退到广州以北的花县，起义军民被迫撤出广州。黄昏时分，市内的主要据点被敌人抢占。

到达花县的起义军1000余人，改编成中国工农革命军第四师（简称"红四师"），唐澍为党委书记，袁国平为党代表，叶镛为师长，王侃予为政治部主任。1928年元月，这支武装力量经过长途转战来到海丰县城，与彭湃领导的农民武装和中国工农革命军第二师（简称"红二师"）会师，在东江地区坚持战斗。到达北江地区的起义军在韶关与朱德、陈毅率领的部队会合上了井冈山。少数起义者到了香港，后到广西参加左右江起义。

13日上午，敌车从四面进入广州。来不及撤退的起义军民坚守街垒，浴血奋战，终遭失败。敌军入城后进行血腥屠杀，尸骸遍地，血流成渠。截至19日，遇难军民5700多人。苏联驻广州领事馆副领事哈西斯等5人也遭杀害。参加广州起义的200多名朝鲜籍革命者中有100多人牺牲。广州起义被迫提前，在一定程度上打乱了起义前制订的全省武装暴动计划。惠阳、信宜、南海、花县、清远、宝安、江门、顺德、中山、新会、潮安、乐会、万宁等县的工农武装，根据广东省委的部署，均于12月中旬按预定计划举行了起义，这些起义都支援和策应了广州起义。而在广州起义期间，除广州附近农村的农民武装直接参加起义以外，各地大都未能举行暴动予以响应。12月13日，在保卫大沥的战斗中，中共南海县委书记陈道周等100多人壮烈牺牲。宝安县农军一度攻占了深圳。粤西的信宜县农军起义后占领了怀乡区，并成立了怀乡区苏维埃政府。彭湃领导的海陆丰农民武装在进军广州途中，获悉广州起义失败后折回海陆丰。

广州起义遭到失败后，各地反动军阀制造了反共、反苏、反人民的白色恐怖。桂系军阀派兵大肆搜捕共产党员，搜查汉口苏联领事馆、武汉大学等，枪杀国民党左派、湖北省政府财政厅厅长詹大悲和教育厅厅长李汉俊。各地民众集合游行和工人罢工均被禁止，苏联领事纷纷下旗回国。

（三）城市苏维埃政权的建立

武装起义的枪声驱散了羊城的黑暗，迎来了新的黎明。经过两个多小时的激战，起义军民在天亮前占领了珠江北岸的大部分市区。起义军占领观音山下的公安局后，当天上午，张太雷、叶挺等起义领导人就下令将当初设在大东门警察分局的起义军临时指挥部搬到公安局大院内一幢水泥钢筋结构的两层楼房里办公，楼门口贴上"起义总指挥部"的标

广州苏维埃政府

志。将起义军改称为工农红军，叶挺为总指挥，叶剑英为副总指挥，徐光英为参谋长，下辖3个军，分别是作为第一军的工人赤卫队，作为第二军的海丰农民军和作为第三军的教导团、警卫团。

楼上正中的一间大房子作为军事指挥室。楼下中间的大厅作为会议室，在墙壁上挂着马克思、列宁像。会议室右边的房间是工人赤卫队总指挥部，周文雍、聂荣臻在里面办公，他们有时在室内研究工作，有时到院子里调动部队，还帮助赤卫队员搬运枪械，装上汽车运往前线。会议室左边的房间是张太雷、恽代英等的办公室。恽代英多是伏案起草文件，做各种文字工作。张太雷有时听来人汇报战斗情况，有时到楼上作战指挥室，和叶挺、叶剑英等研究作战部署。设在明星戏院里的省委宣传部，周文雍在这里书写了一条大幅横额：广州苏维埃政府。赤卫队员将它抬到公安局来，把它横挂在局大门顶上。斧头镰刀红旗也升上了屋顶，迎风飘扬，耀人眼目。大门口两边墙柱上，各挂有一块红布长条："起义总指挥部""广州工人赤卫队总指挥部"。这幢楼顶天台还升着一面斧头镰刀大红旗。正厅北侧的房间是临时救护处，里面摆着几张办公桌拼成的长桌，两旁和正面靠墙的地方有一张用日字凳和长靠背椅拼成的手术床，旁边还有一张帆布救护担架，一些伤员临时在此包扎后再转送到各医院治疗。广州市公安局被占领以后，这里成为起义军的首脑部门、指挥中心、信息总汇、活动场所，为广州的解放、新生及市民的解放作出贡献。

广州苏维埃政府被誉为"东方的巴黎公社"，驻地在原广州市公安局，推选出了行政机构负责人，苏兆征为工农民主政府主席，但未到任，由张太雷代理并担任海陆军委员；黄平担任内务兼外交委员；杨殷担任肃反委员；彭湃担任人民土地委员，因在海丰未到任，由赵自选代理；周文雍担任劳动委员；何来担任经济委员；陈郁担任司法委员；恽代英担任秘书长。苏维埃政府成立后，1927年12月11日上午7时，张太雷在起义总指挥部的会议室内召开了起义后的第一次领导人会议。叶挺、叶剑英、周文雍、恽代英、杨殷等参加了会议，同时参加会议的还有工会执行委员会的代表。张太雷主持这次会议，首先发言："同志们！中国工人阶级受着重重压迫，经历种种磨难，日子太久，时间太长了！今天，我们发动了起义，砸断了手脚的镣铐，摆脱身上的枷锁，从此可以扬眉吐气、抬头做人了！同志们！请记住1927年12月11日这个光辉的日子，这一天，我们堂堂正正、顶天立地地做新社会的主人了！我们新的生活开始了！"会议发表了《广州苏维埃政府宣言》《苏维埃政府告民众》《广州苏维埃追悼死难烈士宣言》等一系列文件。会议讨论了一些紧迫问题，并作出重要决议，发布重要纲领：（1）发表告世界人民书，正式宣布广州苏维埃政府的成立。（2）定于11日中午在第一公园举行群众大会，组织发动群众拥护苏维埃政府和工农政权。（3）严厉镇压反革命，处决继续进行破坏活动的反革命分子。（4）迅即打通通向海陆丰的道路，与海陆丰苏维埃政权取得联系。五、号召广州工人到各处红军征募处登记，要在最近几天内至少应组织五万红军。会上选举了广州工农民主政府委员16人，并通过了广州工农民主政府领导人名单，即起义前在六二五路调源街党的地下联络站召开的广东省委成员会上所讨论的人员名单，在此次会议上得以讨论正式通过。

11日中午2时，原定在第一公园召开拥护苏维埃大会，改为12日在丰宁路的西瓜园集会。拥护苏维埃大会于12日中午在西瓜园照常举行。1时左右，张太雷、叶挺、周文雍、恽代英等相继到来。张太雷身穿黄色军服全副武装走上了讲台。周文雍摇响铜铃宣布开会。乐队奏完《国际歌》后，张太雷首先讲话，报告了暴动形势、过程和意义，宣布广州苏维埃政府成立和施政纲领。

宣布对全体劳动人民的总政纲，指出：打倒反革命的国民党，打倒各式军阀，保证劳动人民之集会、结社、言论、出版和罢工的绝对自由，一切政权归苏维埃——工农兵代表会议。

宣布对农民的政纲，指出：各村各区立即成立工农民主政权，镇压地主豪绅。销毁一切田契租约债券、消灭一切山边田界，一切土地收归国有，完全归农民耕种。

宣布对工人的政纲，指出：承认中华全国总工会是全国工会唯一的最高组织，解散一切反动工会组织。大工业、运输业、银行均收归国有。国家保证工资。一切工人都增加工资，由国家照原薪津贴失业工人，工人监督生产。规定手工业工人的工作时间，实行八小时工作制。承认现在白色职工会下的工人为被压迫阶级的同志，立刻恢复和扩大省港罢工工人的一切权利，号召他们为无产阶级的利益而帮助工农民主政权。

宣布对一般劳苦贫民的政纲，指出：取消年底的还账，没收当铺，将劳动群众典当的物资无价发还。取消劳动者的一切捐税、债务和息金。没收大资本家的财产救济贫民。没收资产阶级的房屋给劳动民众居住。

宣布对士兵的政纲，指出：改善兵士生活，增加兵饷到每月二十元现洋。组织工农红军。各军部之中应组织兵士委员会。国有土地分给兵士及失业人民耕种。

宣布对外的政纲，指出：联合苏联，打倒帝国主义。

在张太雷宣布的各项政纲里，明确了工农民主政府的职责任务，勾勒出未来社会的幸福前景。叶挺介绍战斗进展情况，周文雍汇报工人赤卫队负责和配合协同作战的情况，杨殷报告肃反工作。

12日上午，驻守珠江南岸的李福林部开始反攻西濠口和东堤，使整个形势变得异常严峻起来。各国领事在沙面聚集掩护国民党反动派渡江。敌人从四路准备对广州实行围攻，突破了观音山部分防线，不断向市区渗透。散会后，张太雷和各领导人乘车返回市公安局驻地，指挥抗击敌人的反扑。当张太雷所乘坐的车行至惠爱路的西园酒家时，突然遭到敌人的包围袭击，张太雷头部中一弹，胸侧中一弹，遗体靠在车厢内。汽车轮胎被打穿，弹痕累累，已经不能启动。时任工人赤卫队第一联队第一大队中队长梁梅枝和其他队员共10多人受周文雍的指派，开了一辆大客车来到事发现场，当即把遗体运回到市公安局。年仅29岁的张太雷成为中共历史上第一个牺牲在战斗第一线的中央委员和政治局成员，为探索中国革命道路献出了年轻的生命。

（四）叶剑英的独特贡献

叶剑英是伟大的无产阶级政治家、革命家、军事家，中华人民共和国十大元帅之一，中国人民解放军的缔造者之一，在筹备和组织发动广州起义过程中作出了重大贡献。1927年7月下旬，国民革命军第二方面军张发奎部"东征讨蒋"收编中央军事政治学校武汉分校部分学生，编为第二方面军军官教导团，杨树淞任团长。东征军南下，教导团跟随第四军来到广东。8月8日，第二方面军军官教导团改称为第四方面军军官教导团，军参谋长叶剑英兼任团长。在叶剑英率领下，教导团沿赣江南下。南下途中，叶剑英对教导团既抓军事训练，又抓政治工作，为党培养了一支重要的武装力量，在广州起义中成为主力部队。9月底，叶剑英来到广州，了解了中央和广东省委发动广州起义的相关指示和部署。一直以来，第四方面军军官教导团都是中共所争取的对象。为了转移视线，叶剑英刻意辞去教导团团长职务，但有意安排一些地下党员接替各级领导职务，促成警卫团扩编，介绍共产党员梁秉枢当团长，将参加过省港大罢工的300多名工人招入该团，在士兵中传播革命思想，促使警卫团成为广州起义的武装力量。如此一来，教导团和警卫团在叶剑英的影响下成为广州起义的主要力量。

12月11日，广州起义爆发。叶剑英根据地形特点，突出重点、积极主动，抓住观音山这一制高点和警察公署、邮电局等一些战略要点进行用兵布防，展示了卓越的军事指挥才能，使起义部队比较顺利地占领了大半个广州。当张发奎从江门和肇庆等地进行反扑时，叶剑英和叶挺等建议将队伍拉出去，转向农村，建议起义部队去粤北与朱德部队会合，或者开往东江会合彭湃，但都遭到了共产国际代表诺依曼的强烈反对。起义军损失惨重，因寡不敌众，12日晚起义军被迫撤离广州。15日，叶剑英在中共地下交通员李运全的掩护下最后撤离，装扮成铁路工人前往香港，后被党组织派往苏联学习。叶剑英在起义中的独特贡献将永垂史册。

（五）起义中党组织的发展

恢复和发展各级党组织。1927年4月，广东区党员人数9000多人。大革命失败后，广东各级党组织遭受极大的破坏。随着全省群众的发动和武装起义的开展，特别是1927年8月中共广东省委成立后，党组织逐步得到了恢复和发展。广东省委在领导各地武装起义过程中，十分重视党的组织建设，向各地反复强调，要"尽量吸收在此次暴动中勇敢的工农和知识分子入党"。各地区经过1927年夏季讨蒋起义和秋收起义，使大革命失败后被破坏的各级党组织得到恢复和发展，党组织和党员人数一直呈上升趋势。到1927年年底，广东省委下辖有东江特委、琼崖特委、南路特委、广州市委、香港市委、五邑地委、西江特委、北江特委等，还普遍建立了县委一级党组织。全省党员人数约有3万人。据1928年1月中旬统计，全省建立了51个县委、8个市委。其中东江地区14个县委、1个市委；琼崖地区13个县委、1个市委。海丰、陆丰党组织发展最快。海丰县1927年11月苏维埃政权建立前有200个支部，共3000名党员，经过4个月的政权建设，到1928年3月，支部发展到460多个，党员达18万多人。陆丰县也发展到约有300名党员。广东各级党组织在艰难曲折之中不折不挠地坚持斗争。

在起义部队中进行卓有成效的党建工作。广州起义的主要部队由教导团、警卫团、黄埔军校特务营和工人赤卫队等组成。在这些部队中，很多成员是革命意志坚定、革命目标明确的共产党员。中共广东区委重视对党影响和掌控下的部队的政治工作，特别是周恩来同志早在北伐期间，就已经对人民军队的政治工作进行了有益的探索和实践。广州起义中，这些好的实践经验继续在部队中得到贯彻和弘扬，为起义部队的政治工作和党建工作奠定了坚实基础，其中以第四军军官教导团最为显著。教导团下辖3个营，由中央军事政治学校武汉分校学生改编而成，团一级设有党委，有党员200人左右，绝大多数官兵在叶剑英影响下同情革命。党在教导团的思想政治工作的主要经验措施包括：除了在团一级建立党委外，基层也建立了党小组，加强军队党的建设，使各级都有党员活动；注重密切军民关系，建立军民鱼水情；倡导官兵一致，军官带头密切官兵关系；注重军官冲锋陷阵，发挥好表率作用；等等。这些措施成为党在军队政治工作方面的优良传统。广州起义的过程是短暂的，但是起义展现出的革命精神是永存的，为塑造一支忠诚革命、听党指挥、英勇善战、服务人民的革命军队留下了一段历史佳话，是党和军队的宝贵财富。

三 中国第一个苏维埃政权的建立

海陆丰革命根据地位于广东省（粤）东部，旧属惠州府（今属广东省汕尾市），是土地革命战争时期中国共产党最早建立的全国县级苏维埃政权，创立的第一个农村革命根据地被称为"中国第一个苏维埃"，包括海丰、陆丰两县和紫金、惠阳部分地区。根据地后期还

彭湃

包括惠来、潮阳、五华、普宁等县的一小部分地区。大革命失败后，彭湃作为临时中央政治局委员来到海陆丰，筹备建立工农苏维埃政权。在彭湃、周恩来、李运昌、杨嗣宁等同志的领导下，海陆丰革命根据地不断发展，自1927年至1933年共存在7年，发展至30多个县级地区，建立并创造了辉煌成绩，铭记史册。

（一）海陆丰革命根据地的创建

海陆丰革命根据地面积约6000平方公里，创建于1927年

4月至1928年4月，中部莲花山脉千米以上的山峰有10余座，可谓山峦连绵；南部多属滨海平原地，面临浩瀚的南海，海岸线长达370公里；西连惠州市；东接汕头市，共有人口70余万人。

　　海陆丰地区因其特殊的地理位置，备受帝国主义的侵略与压榨，内部阶级矛盾和外部民族矛盾尖锐。多年来，海陆丰曾爆发过多次起义斗争，在一定程度上打击了统治者，但是最终结果都以失败告终。五四运动爆发后，海陆丰等地的先进分子开始接触并传播社会主义和马克思主义，宣传中国共产党的政策主张，掀起反帝反封建的爱国运动。最具代表性的就是彭湃，他曾被毛泽东誉为"农民运动大王"。通过对马克思主义理论的学习和对实践的认知，彭湃逐渐意识到，中国民众的苦痛根源于旧的社会制度，必须把涣散的农民组织起来，提高他们自身的思想觉悟和阶级觉悟，才能形成一股强大的反抗力量，解脱于水火。1922年11月，彭湃在与好友李春涛的通信中提出，开展农民运动具有五个更有利的条件。一是农民与工人相比，虽然很少有团体训练，"但他们有忠义气，能老老实实的尽忠于自己的阶级"。二是他们也可以采用"同盟罢耕"的斗争方式，将来"占领田地"非常容易。三是占农民中大多数的佃耕农，"因和田主的距离很远，凡甚么运动，田主都不知。不比工厂的工人，一经给资本家知道，马上就解雇"。四是"海丰物价日贵，农民生活日益困艰，他们时时都有暴动的心理，反的心理"。五是海丰"现在做官的钱很多，竟买田地，地价骤增"，地租随之增加，佃户和地主的争议也增加。1922年，彭湃开始领导农民运动，与张妈安等于7月29日在自家"得趣书室"成立全国第一个农民协会——六人农会。到10月，成员发展到500余人，成为全省第一个有领导、有组织、有章程的农会。到1923年1月海丰县总农会成立时，已达10万多人。同年6月，陆丰县总农会成立，有约3.5万人。1926年，海丰、陆丰的农会会员人数占全省总数的41%，农军大队约400人枪，到四一二反革命政变发生时，海丰、陆丰共有党员达4000人，为建立和发展革命根据地积累了条件。1927年，海陆丰在中国共产党的领导下爆发了三次武装起义，对推动建立海陆丰苏维埃政权具有重要意义。

第一次武装起义。"四一五"反革命政变后，在中共海陆丰地委领导下，海丰、陆丰两县同时于1927年5月1日凌晨举行起义，占领县城各机关，缴获反动武装枪械，宣布成立县临时人民政府，举行纪念"五一"群众大会，揭开了海陆丰武装反抗国民党反动派的序幕。这是党领导的最早的一次军事行动，标志着海陆丰革命根据地已进入初创阶段。起义部队占领县城只有10天左右，国民党反动军阀于5月9日开始进攻海陆丰。由于敌我力量悬殊，最后工农武装力量撤出县城。但共产党获得了民众极大的支持，拥有了更高的威望。

第二次武装起义。根据中共八七会议精神和广东省委要求，海陆丰地委改组为海陆丰县委，成立海陆丰暴动委员会。海陆丰县委决定举行第二次武装起义，以策应南昌起义军入粤。在海陆丰县委的领导下，1927年9月8日，农军占领陆丰县城，15日攻占海丰。两县分别成立工农临时革命政府，区、乡由农会接管政权。

第三次武装起义。第三次武装起义是正式形成海陆丰革命根据地的标志。南昌起义军失败后，随同周恩来撤往香港并在中共中央南方局工作的彭湃遵照广东省委书记张太雷的意见，返回海丰兼任东江特委书记，直接领导海陆丰人民举行第三次武装起义，以策应党在广州举行的武装暴动。彭湃抵达海丰后，马上与海丰临时革命政府委员们开会研究，一致同意立即举行第三次武装起义。1927年10月11日，以东江革命委员会名义，中国工农革命军第二师第四团正式建立师部，下辖第四团及由海陆丰工农革命军编成的第五团，董朗为师长，颜昌颐为师党代表。10月25日，彭湃发布"11月7

日俄国十月革命十周年举行武装起义"的命令，命令一下，以红二师和工农革命军武装为主力发动了第三次武装起义，两县农军纷纷出动，不断袭击各乡镇的保安团和民团，战斗捷报频传。10月30日，第四团和海丰公平区农军首先在该区庵前村举行暴动，乘胜占领公平镇。梅陇、汕尾等区也次第为农军所攻占。县城守军陈学顺团见大势已去，遂于11月1日撤离，朝惠州方向溃退，起义军再次收复海丰县城。在陆丰，第四团的另一个营和农军在占领大安、河口一带后，于11月5日对县城东海镇发起进攻，将守城的保安队20余人击溃，占领县城。几天之内，海陆丰农军与红二师密切配合，占领了海丰、陆丰两县大部分区乡，以及惠阳县高潭区（今属惠东县）、紫金县炮仔区和五华县的部分地区，收复海丰县城，攻克陆丰县城，取得了第三次武装起义的胜利，赶走了国民党反动派，夺取了政权。为适应斗争形势，海陆丰县委被撤销，分别建立海丰、陆丰县委。海丰和陆丰分别于11月13日和18日先后召开工农兵代表大会，明确提出全民武装的方针，宣告了工农兵苏维埃革命政府的诞生，标志着海陆丰革命根据地的正式形成。

（二）海陆丰革命根据地的发展

第三次武装起义胜利后，彭湃担负起筹建工农兵苏维埃的重任。中共广东省委指示海陆丰县委迅速"召开工农兵代表大会，组织苏维埃，乡区即以当地之农民协会接收政权，实行分配土地"，并严厉镇压土豪劣绅。在彭湃的主持下，陆丰县于1927年11月13日至16日成立陆丰县苏维埃政府，召开全县工农兵代表大会，林铁史、庄梦祥等15人当选为苏维埃政府委员。11月18日至21日，彭湃在红宫主持召开海丰县第一次工农兵代表大会，参加大会的代表包括东江特委代表、红二师第四团全体官兵，以及陆丰、紫金、惠阳、惠来等县的农民代表共约311人。会议通过了《改良工人生活案》《没收土地案》《取消苛捐杂税案》《抚恤遭难烈士及被祸工人农民家属案》《妇女问题案》《改良兵士生活案》《禁止谷米出口案》等决议案。大会最后一天，选举产生了海丰县苏维埃政府，以杨望、陈舜仪、杨其珊等13人为苏维埃政府委员。

庆祝海丰县苏维埃政府成立大会

　　海丰、陆丰县苏维埃政府成立后，海陆丰革命根据地不断发展。

　　实行土地革命。海丰县第一次工农兵代表大会通过的《没收土地案》，被一些党史工作者称为中国第一个土改法。其作为中国共产党在土地革命中制定的第一个土地法规，明确宣布没收一切土地分配给农民的基本方针，阐述了实行土地革命的理由，确定了分配土地的原则、标准和方法。海丰、陆丰两县在全国最先实行土地革命，苏维埃政府宣布：立即没收豪绅地主的一切土地和财产（包括当铺大商店、工厂等），一切旧有的法令和契约一律作废，并限令将一切田地和债务契约在3天内交政府登记，汇总后当众销毁。据统计，海丰县销毁田地契约47万多张、租簿5.8万多本。已实行没收和分配的土地占全县土地面积的比例，截至

1928年2月，陆丰约占40%，海丰达80%。在紫金县炮仔区、惠阳县高潭区等地也进行了没收土地并进行分配。

镇压豪绅地主及反动势力，肃清境内残敌。至1928年1月，海丰县镇压豪绅地主和反革命分子1600余人。其余的豪绅地主外逃汕头、香港等地，境内几乎没有他们的踪影。苏维埃政权建立后，部分地主武装仍盘踞在据点内负隅顽抗，伺机反扑。中共东江特委指挥红二、四师和海陆丰工农革命军团队不失时机地追歼，收复了海丰的捷胜、赤石和陆丰的河田（今属陆河县）等地，歼敌四五百人，并平定了陆丰反动武装"白旗队"的叛乱。

创建和形成三级军事体系。海陆丰革命根据地拥有类似后来野战军的红二、四师，类似地方部队的各县工农革命军团队，相当于后来民兵的赤卫队，这三种武装配合作战，战绩显著。陆丰打败"白旗党"，海丰击溃国民党蔡腾辉军队就是明显的战例。

创建造枪厂和制弹厂。海陆丰革命根据地的造枪厂在梅陇金岗围，日造步枪或单针枪一两支，有"金围造"的印记。制弹厂在龙山准提阁制子弹，龙山妈庙制硝药，工人多招请原汕尾粤军制弹厂失业工人，许多材料工具也拆自该厂。

创建根据地中的根据地。彭湃在军事斗争中意识到，革命根据地不仅要占领广大农村，而且要占领城镇以扩大影响，还要建立根据地中的根据地——更加隐蔽的大后方。苏维埃政权建立后，即有计划地把大批粮食及物资运到中峒，于是他主导创建了中峒、岩石等根据地。为了长期斗争，除了朝面山的红二师大本营外，第三次武装起义胜利后，又把征收到的粮食、布匹和各种设备、物资储于中峒、岩石等地，建立后方医院，在中峒建立了枪械修造厂、被服厂、印刷厂和红军医院，还修筑了碉堡、战壕等军事设施，同时创立了海陆丰劳动银行，发行苏维埃纸币，稳定金融秩序。保护商业贸易，开办工农贩卖合作社，活跃商品流通，等等。这样做好长期斗争的准备，以备敌军进攻，若失利则可退守山区坚持。

探索创建人民军队。南昌起义和广州起义的部队来到海陆丰地区后，根据斗争形势需要，分别整编为红二师和红四师，这是经中央批准建立的最早的正规部队，也是人民军队的种子。按照中央和广东省委的指示，红二师和红四师进行了艰苦卓绝的转战。1928年1月15日，红二师、四师以及海丰的农军在红宫红场胜利会师。两师在彭湃领导下与海陆丰农军（当时农军有3万多人）并肩战斗，在海陆丰地区与国民党反动派展开了艰苦卓绝的游击战争，拔除了隔绝陆普苏区联系的最大据点——果陇，先后攻下陆丰城、甲子巷，使陆丰与普宁的苏区连成一片，使海陆丰革命根据地得以巩固和扩大。实践证明，彭湃创建的海陆丰革命根据地成为红二师和红四师得以发展的重要依托，表明苏维埃政权的建立使红军有了依靠，红军又是苏维埃政权的坚强支柱，只有把革命武装与根据地建设结合起来，才能使革命斗争具备强大的人力和物力。

加强基层党的建设。中共东江特委十分重视党的组织建设，大力发展党员，健全和发展各级基层组织。1928年1月，在海丰创办了东江党校，加强党员教育和干部培养。海陆丰的共产党员截至1928年2月已经发展到1.8万人，在海陆丰的革命斗争中发挥着重要的作用。

1927年12月，中共广东省委指示东江特委"须即刻准备，由海、陆丰扩大到全东江割据的计划"。东江特委遂从1928年1月开始，乘粤桂军在东江混战的有利时机，以海陆丰为基地，由董朗、颜昌颐率领红二师，向西北面的惠阳、紫金、五华发展；彭湃、叶镛、袁国平、徐向前指挥红四师，向东南的普宁、惠来、潮阳发展。红二师和红四师取得了一系列胜利。至2月下旬，海陆丰革命根据地的区域扩大到海丰、陆丰（除一个乡之外）全境及上述各县的部分地区。海丰、陆丰两县的苏维埃区域人口达70余万人。

（三）海陆丰革命根据地的挫折

在东江，张发奎和李济深的混战到了1928年2月中旬基本结束。李济深掌控的广东政权暂时趋于稳定，随即调集所部第四、第五、第七、第十一、第十三军各一部（共上万人），以及"中山""广金""广庚""飞鹰"等军舰，在各县地方武装的配合下分路围攻海陆丰革命根据地。2月下旬，根据地军民同时在海丰、陆丰两县与围攻的敌军展开激战。此时，红二、四师主力仍分散在各县，留在海陆丰的红军只有四五百人，敌我力量悬殊。中共东江特委虽对反"围剿"做出具体部署，但还未来得及付诸实施，敌军已闯入根据地内。陆丰的河口、大安及海丰的公平均被攻占。接着，陆丰、海丰两县县城在2月29日和3月1日相继失守。海陆丰工农武装和红二、四师曾多次反攻，但因敌我力量悬殊，损失很大，牺牲了五六千人。直到中旬，红二、四师准备撤往惠来，但在普宁、潮阳一再受挫，只得撤回海陆丰山区在根据地迂回游击。3月底，根据地大部分地区（包括后方基地中峒）均告失陷，东江特委和红二、四师撤往惠来。同年5

月3日，工农武装反攻海丰县城不克。从1928年夏开始，国民党反动派大举进攻根据地，多次调集强大兵力，对激石溪根据地实施"围剿"，很多瓦房都被放火销毁，农民只好搭茅寮栖身，被杀无数，被迫离乡背井，朝面山有三任党支部书记被杀害，至1928年秋，红二师幸存者仅140多人。1928年10月，红军根据中共中央指示分批通过香港等地撤离海陆丰。1928年冬至1929年5月，红四师师长徐向前、党代表刘校阁和红二师师长董朗等同志奉命先后撤离海陆丰根据地。红军余部按照东江特委指示陆续转移，撤离海陆丰。

1929年9月，在中共广东省委的指示下，海陆紫特委重新组建红军。10月，正式成立中国工农红军第六军第十七师第四十九团，彭桂任团长，黄强任政委。海陆紫特委号召农民带枪参军，部队很快得到扩充，转战海丰、陆丰及惠阳广大区域，开展游击战争，开辟了惠阳、紫金、海丰、陆丰四县边区根据地。到1929年冬，海丰、陆丰两县苏维埃政府恢复活动。到1930年2月，四十九团从石头坪出发，进攻河田、河口敌军，连克两个圩镇。一、二营回石头坪休整后进军紫金。三营在河田横坑村休整时，粉碎敌人的偷袭，取得了较大战果。4月，海丰、陆丰两县苏维埃辖区人口达30余万人，海陆丰人民迎来了第二个革命高潮。四十九团东上大南山，帮助潮阳、普宁、惠来暴动。至此，全团已发展至1000人。6月，四十九团返回黄羌一带休整，后于9月再上大南山，并于10月29日进攻惠来城。11月23日晚，国民党流沙警卫大队中队长庞柱率部起义，在大南山投奔四十九团。当时主持广东省委工作的李富春接见了起义人员。

1930年冬，设海陆紫县苏维埃政府，初期驻碣石溪。1931年秋，全东江地区肃反扩大化，碣石溪赤卫队抵制这种错误行为，离开根据地。县委、县苏维埃政府被迫搬至黄羌苦竹园。中共东江特委派员来主抓"AB团"（指1926年建立的反革命组织）和"社会民主党"，有不少人被错杀。在大南山整顿时，原四十九团战士江金英、钟石宝（超武）等拉出一些队员脱离红军，革命队伍一时发生混乱。

1932年春末，国民党反动军阀张瑞贵师及张达师一部进入海陆丰，疯狂"清剿""进剿""屯剿"，从朝面山至大安洞增建13个炮楼，全长200里（1里=500米）的根据地被分割成很多地段。1933年1月，由原四十九团改编的第六军独立第二师第一团，奉命进军紫金，共400人与敌军4个团苦战多日，伤亡惨重，突围后返回苦竹园一带分散隐蔽，坚持斗争。4月15日，海陆紫县苏维埃政府主席林潭吉在苦竹园被叛徒杀害。主席团成员率领机关重返碣石溪。11月29日，

500多名敌军在碣石溪长坑尾闷兜山上，将机关人员及武装人员团团围住，188名壮士全部牺牲。1934年，海陆丰边界赤卫队被围失利，根据地的斗争开始进入低潮。

四 广东各革命根据地的开辟与发展

（一）琼崖革命根据地的开辟与发展

琼崖革命根据地是继海陆丰革命根据地之后建立起来的一块根据地，也是中国重要的革命根据地之一。大革命失败后，琼崖党组织在全琼掀起讨蒋起义和秋收起义高潮，恢复并壮大党和工农武装力量，在此基础上逐步创建了琼崖革命根据地，之后又在艰苦的革命斗争中经历了起起伏伏。

1. 琼崖苏维埃政府的建立

早在1928年2月，中共琼崖第二次代表大会就已通过了

琼崖苏维埃政府成立大会遗址

成立琼崖苏维埃政府，发展县、区、乡苏维埃政权的组织建设决议。由于3月间敌人增兵来琼"围剿"，形势突变，不能贯彻执行。在红军初期反"围剿"斗争中，有苏维埃政权的建立和施政建设的地区，对组织群众，配合红军打退敌人进攻起着重大的作用。因此，为坚持反"围剿"斗争，中共琼崖特委作出决定："凡属我革命势力范围之内，须一律组织乡、区苏维埃"，"有两个乡苏维埃政府的，即成立区苏维埃政府，有两个区苏维埃政府的，即成立县苏维埃政府"。5月23日，乐会县召开全县工农兵代表大会，成立乐会县苏维埃政府。不久，琼东、万宁、定安也相继成立了乡、区、县苏维埃政府。

为了加强反"围剿"斗争的领导，研究确定新的斗争策略，王文明于6月5日在乐会县第四区主持召开中共琼崖第三次代表大会。大会通过了《最近总的工作大纲》，对反"围剿"斗争的组织、宣传和政权等问题作出具体决定。要求"各县、区、乡苏维埃应尽量在可能范围内继续成立"，"琼崖苏维埃仍须准备成立"。会上选举产生了新的特委，王文明任特委书记。同月中旬，中共广东省委派巡视员黄学增来琼主持工作。6月16日，在乐会县第四区召开特委扩大会议，对特委进行改组，由黄学增任特委书记。会议还要求

"琼崖苏维埃政府至迟在七月份内要成立"，由王文明主持筹备工作。

后由于战争影响，琼崖苏维埃政府未能按期成立。直到8月12日，全琼第一次工农兵代表大会在乐会县第四区的高朗村举行，宣布成立琼崖苏维埃政府。乐会、万宁、琼山、文昌、琼东、定安、澄迈、崖县、陵水等县派代表参加，与会者共60多人。王文明主持会议，并作《关于形势的报告》。代表们汇报工作并进行了讨论。大会选举苏维埃政府领导机构，王文明当选为主席，委员有梁秉枢、陈玉侯、陈业祝、黄善藩、王克礼、陈骏业等。苏维埃政府下设军事、经济、文教、交通、合作、青年等部委机构，负责各方面的具体工作。琼崖苏维埃政府宣告成立后，颁布了《临时土地法令》《惩治反革命条例》《税收条例》《苏维埃组织法》等法令。

琼崖苏维埃政府的成立标志着琼崖革命根据地的形成，反映了琼崖各族人民在反"围剿"中坚持斗争的坚强决心。但由于战争环境的限制，苏维埃政权开展工作具有很大的局限性。尽管如此，琼崖苏维埃政府作为诞生在南疆孤岛上的一个新生事物仍然具有重要意义。

首先，它成为琼崖人民革命斗争的一面旗帜，是琼崖人民的希望所在。自琼崖"四二二"反革命政变后，琼崖党组织领导人民群众进行了一年多的艰苦斗争。这些斗争的最终目的就是推翻国民党的反动统治，建立工农民主政权。而苏维埃政府的建立就是这一斗争的丰硕成果。特别是它在敌人的疯狂"进剿"中诞生，使革命群众在逆境中看到了希望，激励了他们的革命意志，增强了斗争的勇气和胜利的信心。

其次，它打破了区、县界限，增强了共产党在琼崖地区的号召力和人民群众的凝聚力。在此之前，琼崖地区虽然已经出现了苏维埃政权，但这些政权都是限于乡、区、县的范围，彼此之间虽有联系，但并没有高一级的政权机构统一领导和指挥。琼崖苏维埃政府的建立，使各小块革命根据地有了一个统一的权力机构，不仅能更好地协调各县苏维埃的关系，而且便于互相交流、互相促进，有利于统一指挥和行动，最大限度地调动人民群众的积极性，投身土地革命和武装斗争。

最后，它所颁布的政策和法令，反映了人民群众的意愿，代表了人民群众的利益，并且提高了人民群众的政权观念，因而得到人民群众的热烈拥护。从这些政策和法令中，反映了这个政权的革命性质，使广大民众逐步认识到苏维埃政府是人民的政府，这对于巩固红色政权和发展革命根据地具有重要意义。

2. 母瑞山革命根据地的开辟与琼崖革命斗争的新起点

琼崖苏维埃政府作为新生的红色政权被国民党视为威胁而妄图予以绞杀。1928年8月下旬，国民党向琼东、乐会、万宁等红色区域发动全面进攻，并占领了乐会区域阳江圩。10月12日，驻万宁县的国民党军队长官，会同万宁县县长、党务指导员、民团指导员和各机关要员召开会议，决定筹集军饷，收买黎民，砍伐山林，对六连岭根据地实行"围剿"，拟一个月内，"扫清该处共氛"，以怯琼崖腹心之祸。随后，便纠集兵力进犯六连岭，实行烧杀抢劫。11月

母瑞山革命根据地纪念园

初，进犯中共琼崖特委驻地中平仔地区。11月8日，敌团长沈光汉率领1700余人"围剿"乐会、万宁苏区。敌人对群众实行了严密控制，强迫群众悉数迁到文市、阳江、上科等圩镇，以断绝红军和群众的联系。在敌人的重重围攻之下，红军的粮食日益紧张、活动范围日益缩小、弹药日益缺乏、力量日益削弱，根据地的处境十分困难，反"围剿"斗争遭到严重挫折。

此时，中共琼崖特委本应组织红军和赤卫队向敌人力量薄弱的山区撤退，积蓄力量，以待时机，再图发展。但是，广东省委于11月下旬召开的第二次扩大会议，对农村革命根据地的重要性仍然认识不足，仍然决定以城市为党的工作中心，要求各级党的指导机关设在城市。12月下旬，根据广东省委决定，由黄学增、官天民、陈大机等人率领党、团特委干部迁往府海，负责筹建南区特委，把工作重点放在开展工运、兵运方面，并以海口为中心指导琼崖和南路工作。而琼崖苏维埃政府则留在农村与敌人周旋。

面对危难处境，琼崖苏维埃政府主席王文明主持召开党政军基层干部会议，研究红军的发展方向问题。会议认真分析了当前的形势，作出避开强敌、暂时退却、转移山区、相机发展的决策。会后，王文明、梁秉枢和琼崖苏维埃政府秘书长罗文淹，率领130多名红军、300多名赤卫队员和琼崖苏维埃政府直属机关及附属单位军械厂、印刷处、交通处、医院等向母瑞山转移，开辟新的革命根据地，继续坚持斗争。

母瑞山是五指山向东北延伸的一条支脉，位于海南岛中部定安县南端，方圆100多平方公里。这里山岭连绵，古树参天，峡谷急流，地势险要，易守难攻，回旋余地大，是一个开展游击战争的天然战场。上下周围，肥田沃野，得天独厚。周围有20余个村庄，居住着汉、黎、苗族百姓1000余人。在大革命时期，这里农民运动比较活跃，大革命失败后，王文明、王业熹等一批共产党员曾进入母瑞山的新村一带开展革命活动，使周围地区受到革命的影响。反"围剿"斗争开始后，这里是中共安定县委驻地，安定县苏维埃政府在这里成立；东路、西路红军也曾在这一带驻扎过，有一定的群众基础。同时，这里地处定安、琼东、乐会三县交界，距离海口、嘉积等城市较远，国民党在这里的统治力量又比较薄弱，有利于革命力量的发展。基于以上原因，王文明等决定在此开辟革命根据地。

王文明带领红军和琼崖苏维埃政府机关进入母瑞山后，一方面和当年接触过的冯玉虎、罗庆瑞等积极分子取得联系，搞好军民关系，军民配合，披荆斩棘，搭起几十间茅棚，安营扎寨；另一方面，发动群众、组织群众兴家创业，发展生产。同时还在母瑞山周围设防部署，在各道路要口上构筑防御阵地，以对付敌人的"进剿"。1929年1月，一股敌军向山区进犯。红军利用复杂的地形，据险伏击，歼敌数十人，缴获一批枪支弹药，保卫了革命根据地。敌军败逃后，在山外建筑碉堡，强迫群众搬家，切断一切交通线，隔绝红军与群众的联系，妄图将红军困死在山上。为此，在王文明的带领下，全体官兵一起动手开荒生产，先后开辟了8个垦殖区，基本实现了粮食自给。1929年春夏之交，国民党蔡廷锴部缩编离琼，敌人力量减弱。母瑞山的党政军民抓住有利时机，相继恢复军械厂、印刷厂的生产，大力开展各项工作，并于5月14日成立大山乡苏维埃政府。从此，母瑞山革命根据地正式建立。

母瑞山革命根据地的建立，是琼崖革命由挫折转向复兴的新起点，标志着以王文明为代表的琼崖共产党人，对中国革命新道路的认识已提高到一个新的水平。母瑞山革命根据地在琼崖反"围剿"失败后创建，革命的火种在这里得到掩护，又从这里掀起革命的狂澜，成为琼崖革命的摇篮。

3. 内洞山会议的召开和各地工作的恢复

中共琼崖特委迁往海口后，于1929年2月、7月先后两次遭到国民党的破坏，特委领导人陈大机、黄朝麟、官天民、黄学增等相继被捕牺牲，造成重大损失。就在琼崖革命失去统一领导核心的危急关头，当时担任中共澄迈县委书记的冯白驹挺身而出，立即召开澄迈县委会议，决定用澄迈县委名义，将琼崖特委被破坏的消息通报有联系的其他县委，并亲自到母瑞山向琼崖苏维埃政府主席王文明汇报上述情况，提议召开各县委领导人联席会议，以便重建琼崖特委领导机构，讨论研究今后斗争方针问题，带领全琼人民继续坚持斗争。冯白驹的提议得到了王文明及各县县委的赞同和支持。

经过一段时间的联络沟通和紧张筹备，琼崖各县代表联席会议于1929年8月中旬在安定县内洞山召开。参加此次会议的有琼崖苏维埃党团代表王文明、红军代表梁秉枢、澄迈县委代表冯白驹、琼山县委代表张志军、琼东县委代表符明经、安定县委代表王志超等10余人。王文明抱病主持这次会议。会议详细通报了琼崖特委机关被破坏的经过，交流了各地的情况，总结了特委机关迁往海口两次被破坏的惨痛教训，批评了"以城市为中心"的严重错误，着重分析了当前的斗争形势。会议认为：国民党蔡廷锴部调离琼崖以后，国民党在琼崖的力量相对减弱，且内部派系斗争激烈，士兵思想动摇，广大群众的革命情绪虽然遭到国民党的重重压迫，但仍然潜藏着复兴的势头，这是琼崖革命发展的有利条件。因此，当前党的紧迫任务是：恢复和建立各地党的组织，建立和发展农村革命根据地，广泛开展游击战争，深入开展宣传发动工作，逐步建立苏维埃政权，坚持土地革命斗争。为了实现这一任务，会议作出几项具体决定：一是请求广东省委派员前来琼崖巡视和指导，并帮助宣传工作；二是派遣巡视员到各县指导工作，帮助各级党组织"整理党务"；三是扩大工农红军和赤卫队，争取在短期内"扩充足额一营红军"；四是筹备举办军事政治学校，培养军事政治干部，以适应革命发展的急切需要；五是加强青年团和妇女的工作等等。

鉴于琼崖特委遭到破坏不利于工作开展的现实，会议还决定成立中共琼崖特委临时委员会，选举王文明、冯白驹、陈一先、傅佑山、谢翰华、蒙汉强（女）、符明经、王志超、熊侠9人为临时特委委员，但没有选举常委和书记，请求广东省委委派领导同志来琼主持工作。1929年9月，中共广东省委批准正式成立琼崖特委。11月下旬，琼崖党、团特委召开联席会议，决定王文明、冯白驹、傅佑山3人为特委常委，王文明任书记。由于王文明在母瑞山主持琼崖苏维埃政府工作，并且重病在身，经王文明提议，由冯白驹主持工作。

内洞山会议是琼崖党组织和红军处在危急关头召开的，它克服了困难，重建了琼崖特委领导核心，挽救了中共琼崖地方组织和革命事业，确定了坚持武装斗争、坚持土地革命的总路线，带领琼崖人民继续坚持反抗国民党反动派的屠杀政策和反动统治的斗争，给琼崖人民带来了新的希望，因而具有重要的历史意义。

就在中共琼崖特委重建之际，国民党琼崖当局也利用琼崖共产党组织和红军遭受挫折的时机，实行了一系列反革命措施，如严防外地共产党分子返回海南工作，整顿各县民团、保、甲组织，以强化国民党势力对农村的统治。在海口、嘉积等中心城镇加岗设防，对农村特别是对琼东县第四区、定安县第五区、琼山县第十三区等地采取"伐山政策"，以封山伐林围搜共产党和红军等等。国民党当局采取的这些措施，对琼崖革命造成很大的威胁。在此情形下，更加重了中共琼崖特委的工作任务，也使基层党组织的工作受到一定的影响。

针对琼崖的实际情况，中共广东省委于1929年11月18日致函琼崖特委，明确指出，"琼崖党目前中心使命是争取广大群众的工作，使群众围住我们党的周围"，要动员全党进行深入细致的群众工作，"推动广大群众起来反抗军阀战争，扩大乡村游击战争区域，促进琼崖革命高潮快到来"，并对城市、农村苏维埃、反帝等各项工作作出具体指示。中共琼崖特委根据广东省委的指示，冷静地估计了敌我力量的对比，利用国民党内部拥蒋派和改组派的矛盾，采取有效措施，积极开展工作，使各项工作逐步得到恢复和发展：第一，努力建立并加强与各级党组织的联系，对各级党组织的活动提出具体要求。仅半年内，特委分别发给各县的具体指示、文件，最多的月份有11次，最少的月份也有一两次，有效地加强了特委对各地工作的领导。第二，不断派员赴各地巡视和帮助恢复工作。乐会、琼东、定安、文昌、琼山、澄迈、万宁、陵水8个县委都恢复了活动，并建立起临高、文北两个临时工人运动委员会和海口特别支部委员会、中共海口市郊委员会。第三，派出红军指战员深入琼山、文昌、乐会、万宁、陵水等地联络原潜伏下来的红军，并把他们组织起来，开展游击活动，宣传发动群众，扩充武装队伍。例如，积极组织万宁县六连岭坚持斗争的红军奇袭敌人坡罗据点，消灭仙何民团，共毙敌20余人，俘虏28人，缴获长、短枪66支及弹药一批；组织琼东县农民武装，有计划地攻打国民党琼东县政府，缴获30余支枪，产生了很大影响；组织澄迈县、陵水县等地革命武装开展激烈的对敌斗争，夺取了敌人武器，发展壮大了自己。到1930年春，全琼人民武装队伍已发展到五六百人，红军独立团扩展为两个营。第四，开展城市工作。确定以海口、嘉积、三亚和各县城的盐业、船业、烧砖业、割胶业等行业的职工运动为中心，先后派员前往加强领导，使各地工会组织不断得到恢复和建立，有力配合了农村工作的恢复和武装斗争的发展。

此外，母瑞山革命根据地的建设也日益发展，琼崖各地的工作逐步走上了正轨，并取得可喜的成绩。可是，就在琼崖革命形势日趋好转之际，中国共产党优秀党员、无产阶级忠诚战士、琼崖党政军和革命根据地的创始人之一、琼崖苏维埃政府主席王文明却于1930年1月17日在母瑞山革命根据地不幸病逝。这是琼崖党和革命的巨大损失。为此，琼崖苏维埃政府和各县苏维埃政府发表告民众书，号召大家承继先烈遗志，把琼崖革命事业推向前进。

4. 中共琼崖"四大"、"红五月"攻势和新苏区的开辟

1929年年底至1930年年间，国际上资本主义世界爆发了空前的经济危机，国内军阀混战以及国民党内部的派系斗争，为琼崖革命的恢复和发展提供了有利条件。1930年2

月，中共琼崖特委书记冯白驹相继赴香港和上海汇报工作，并得到周恩来的重要指示。周恩来的重要指示，使一直坚持孤岛苦战的冯白驹和琼崖革命人民受到巨大的鼓舞。4月15日至20日，为了传达贯彻中共中央和广东省委的指示精神，总结斗争经验，讨论研究如何抓住有利时机，发展革命形势，开创琼崖革命斗争的新局面，中共琼崖第四次代表大会在母瑞山召开。大会由冯白驹主持，广东省委派邓发到会指导。出席会议的正式代表共20人。会上，邓发代表广东省委作《关于当前斗争形势和任务》的报告，冯白驹传达了他赴广东省委、中央汇报工作的情况和周恩来对琼崖工作的指示，琼崖特委委员符明经作《关于特委工作的报告》。会议分析了敌我双方形势的变化，一致认为，内洞山会议以来，新的特委从琼崖的革命斗争实际出发，制定了正确的方针政策，在短短的几个月时间内，党政军各项工作取得了很大成绩，客观形势的发展对琼崖革命是有利的。会议经过热烈、充分的讨论，通过了六项工作决议：一是开展"红五月"攻势，积极主动打击敌人；二是建立健全各级党组织；三是恢复各级苏维埃政权，发展农村革命根据地；四是发展和壮大红军力量，建立红军独立师；五是加强瓦解敌军工作，发动兵变和兵暴，积极组织策动敌军起义；六是颁布土地法令，进行土地革命。会议还选举了新的特委领导机构。

会后，琼崖特委立即向广东省委汇报会议情况，同时将"红五月计划"作为第一号通告发给各地党组织，要求各地党组织发动群众，配合红军和赤卫队，掀起一个声势浩大的以围攻民团和反动地方武装以及国民党地方政权为目标的"红五月"攻势，并以敌人守备兵力薄弱的安定县城为第一个打击目标，取得首战胜利。

首战胜利极大鼓舞了各地革命群众和根据地军民的士气。在中共琼崖特委的领导下，全琼迅即掀起了一个声势浩大的军事攻势，从琼崖的东部、中部到西部，从山区到平原，红军在广东群众的配合下，摧毁了敌人的一批据点，取得了重大胜利。"红五月"攻势的胜利，给国民党反动势力以重大打击，壮大了革命武装力量，促进了革命根据地的恢复和发展。

5. 工农红军第二独立师的建立和攻打海口失利

中共琼崖第四次代表大会后，随着各项工作的展开，特别是"红五月"攻势的重大胜利，在沉重打击民团和反动地方武装的同时，也动员和组织了群众，促使红军和赤卫队等革命武装力量的发展壮大，为工农红军第二独立师的建立奠定了重要基础。

1930年8月，为了传达贯彻中共中央和广东省委指示精神，琼崖特委召开第四届第一次扩大会议。广东省行动委员会（由中共广东省委和共青团广东省委合并改称，简称广东省行委）派代表参加指导。会议作出集中、扩大红军，加强地方暴动，巩固老苏区，发展新苏区，首先夺取与巩固东路各县，然后向西发展，最后夺取全岛的决定。会议还增选了欧照汉、云逢南为特委常委。同月，琼崖特委适应斗争形势发展的需要，按照中共琼崖第四次代表大会的决定，在琼崖红军独立团的基础上，统一组编各县红军和赤卫队，在母瑞山上成立了中国工农红军第二独立师，并报广东省委和中华苏维埃第一次全国代表大会筹备委员会批准。9月4日，独立师司令部发布第一号布告，宣布师长、政委即日就职。师长梁秉枢，政治委员杨学哲，参谋长王天俊，政治部主任潘霖。独立师下辖2个团和1个独立营，共14个连队，1300多人，枪支900多支。

独立师的成立，进一步加强了党对红军的领导，大大增强了红军的战斗力，并取得初步胜利。然而就在形势逐步向好之时，以李立三为代表的"左"倾冒险主义错误影响到了琼崖。在广东省行委的再三指令下，为配合纪念广州起义三周年，琼崖特委于1930年12月作出攻打海口的决定，结果惨遭失败。这一事实用血的教训证明了李立三的以进攻中心城市为特征的"左"倾冒险主义在琼崖的彻底破产。此后，琼崖特委和工农红军认真总结经验教训，把主要精力转到农村斗争，坚持"巩固老区，发展新区"的方针，使农村革命根据地得到巩固和发展，促进了土地革命高潮的到来。

6. 中共琼崖第四届第二次扩大会议的召开和革命根据地的新发展

攻打海口失利后，琼崖面临着新的革命形势。1931年春，中共琼崖特委召开第四届第二次扩大会议。会议实事求是地分析了琼崖敌我力量的对比和李立三"左"倾冒险主义错误对形势的错误估计及其造成的危害，明确指出在当时敌我力量悬殊的条件下，冒险进攻海口和组织夺取全岛的暴动是错误的。决定停止执行李立三"左"倾冒险主义错误和广东省行委的错误指示，重申党和红军必须坚定不移地继续执行"巩固老苏区，发展新苏区"的斗争方针，广泛发动群众，深入开展土地革命，进一步巩固和发展农村革命根据地。此次会议从琼崖实际出发，及时排除了李立三"左"倾冒险主义错误路线对琼崖革命斗争的影响，统一了琼崖全党全军的思想，保存和发展了琼崖革命力量，促进了琼崖第二次土地革命高潮的持续发展。

　　会后，琼崖红军放弃了进攻敌人重兵把守的中心城镇，采取机动灵活的战略战术，避实击虚，避强击弱，不断袭击、伏击敌人，夺取了一连串的胜利，壮大了红军力量。与此同时，琼崖革命根据地的党政军民深入开展土地革命，进行党的建设、军事建设、经济和文化建设以及青年、妇女等各项工作，使革命根据地不断得到巩固和发展。据不完全统计，至1931年秋，全琼崖已建立有澄迈、定安、琼东、乐会、万宁、陵水、琼山7个县苏维埃政府；红军1000多人，赤卫队700人，少年先锋队4600多人，童子团3000多人。整个琼崖苏区的范围包括崖县、陵水、万宁、乐会、琼东、文昌、琼山、定安、澄迈、临高、儋县11个县的部分地区，苏

陵水县苏维埃政府

区人口达100多万人。至此，琼崖革命根据地进入全盛时期。

随着琼崖革命根据地的恢复和扩大以及土地革命的不断深入和发展，国民党反动派极为恐慌。1932年7月，国民党第一集团军总司令陈济棠为扑灭琼崖的革命烈火，派其警卫旅旅长陈汉光率所属三个团和一个特务营，配合空军第二中队一个分队共3000多人赴琼，向琼崖苏区和红军进行第二次反革命"围剿"。

面对来势凶猛的敌人，中共琼崖特委迅速召开紧急会议，号召各革命根据地军民英勇抗击敌人的反革命"围剿"，保卫根据地，保卫苏维埃政权。虽然根据地军民在琼崖特委领导下，顽强战斗，奋起反击，给敌人以沉重的打击，但激战数月后，终因敌我力量悬殊，琼崖几块主要根据地先后被敌攻破，除冯白驹、符明经带领的琼崖特委、琼崖苏维埃政府机关红军警卫连共100多人在母瑞山，以及分散在各地的少数红军指战员和部分党政干部就地坚持斗争外，独立师已经解体，各级党组织和苏维埃政权均遭到严重破坏，通信联络和交通被打断，琼崖党组织也与广东省委和中央失去了联系。至此，琼崖红军第二次反"围剿"斗争失败，琼崖革命根据地丧失殆尽，琼崖革命再次转入低潮。

（二）东江革命根据地的开辟与发展

东江革命根据地是在中共广东省委和东江特委的直接领导下、在海陆丰革命群众运动影响和推动下创建的一块农村革命根据地，地处广东省东部的东江地区，北靠中央革命根据地，东接闽西闽南，西连广州，南临南海，由9块边区县的根据地组成，其范围主要包括东江流域和韩江流域的部分地区。

为贯彻中共六大精神，广东省委于1928年11月召开扩大会议，通过了关于广东的政治任务及党的各项工作的决议，指出广东各级党组织的任务是争取群众、积聚革命力量，准备迎接新的革命高潮；批评了广东省委自1928年1月全体会议以后的"左"倾盲动主义错误，要求各地迅速恢复和发展党组织。会议专门讨论了东江问题，决定在东江地区设立中共东江特委和海陆丰特委，以加强对东江地区革命斗争的领导。12月10日，东江特委召开临时会议，讨论贯彻落实中共六大和广东省委扩大会议精神，选举产生了以林道文为代理书记的新一届东江临时特别委员会。会后，东江特委分别派员至属下各县开展活动，传达上级精神，恢复和发展各级党组织，重新积累东江的革命力量。

各地党组织逐步得到恢复和发展。其中恢复最快的是东江地区八乡山一带的党组织。八乡山位于揭阳、五华、丰顺交界处，地广人稀，国民党统治力量较为薄弱，群众基础好，党组织一直较为活跃。1928年春，中共五华县组织的负责人古大存领导年关暴动失败后，率领一批共产党员和武装骨干开进八乡山，开辟了八乡山革命根据地，并成立了以古大存为书记的中共五华县临时县委。8月，中共丰顺县委在九龙嶂成立。八乡山地区的党组织逐步恢复后，积极发动农民群众，组织"贫农自救会"，大力发展革命武装力量，主动

古大存

出击敌人。为了统一对八乡山地区革命力量的领导，在群众中竖起革命的旗帜，10月，八乡山附近各县在九龙嶂成立了兴宁、五华、丰顺、梅县、大埔、揭阳、潮安"七县联合委员会"，联合委员会由七县县委负责人组成，古大存担任七县联合委员会书记。七县联合委员会成立后，古大存率武装主力回八乡山活动，在八乡山开展土地革命和武装斗争，使八乡山革命根据地日益巩固和发展。八乡山革命斗争成了东江地区革命低潮中的星星之火。

八乡山革命根据地的发展壮大引起国民党的恐慌，1929年4月，国民党兵分三路"围剿"八乡山地区。为解八乡山之围，中共东江特委指示丰顺县委"分散敌人对河西、八乡山的力量"，举行丰顺暴动，以牵制敌人。4月7日，赤卫队员首先围攻丰顺县黄金市，攻下国民党团防总部，随后攻取了留隍市等地，取得胜利。次日，进攻八乡山的国民党军一部分回兵救援，暴动队伍主动撤退，转移到丰（顺）潮（安）揭（阳）边区打游击。八乡山一带的革命武装也采取伏击战的方式，诱敌深入，各个击破敌人，粉碎了国民党武装的进攻。丰顺暴动不仅缓解了八乡山反"围剿"的压力，还促进了东江地区革命形势的复兴。八乡山军民反"围剿"胜利后，革命力量迅速发展。1928年年底，在中共东江特委领导下，成立了八乡山根据地苏维埃政权。到1929年夏，以八乡山为中心的东江革命根据地基本形成。同年秋，中共东江特委机关进驻八乡山的岳潭，并在八乡山设立了东江红军总指挥部，由古大存任总指挥。八乡山根据地的形成，标志着东江地区革命斗争进入新的阶段。

八乡山根据地建立后，东江各地的革命根据地纷纷建立，红色区域日益扩大。在东江西部地区，形成五（华）兴（宁）龙（川）革命根据地；在东江东北部地区，形成饶

（平）和（平）（大）埔诏（注：福建诏安）革命根据地；在东江南部地区，形成海（丰）陆（丰）惠（阳）紫（金）革命根据地；在东江东南部地区，形成潮（阳）普（宁）惠（来）革命根据地；在东江北部地区，形成蕉（岭）平（远）寻（注：江西寻邬）革命根据地。在此期间，东江地区共有9个县建立了县级农村根据地，14个县恢复或建立了县苏维埃政府或县革命委员会，50多个区建立了区苏维埃政权或区革命委员会。这些区、县革命政权的建立和各地革命根据地的形成，标志着东江革命形势逐步走出低潮，建立东江苏维埃政府的条件已臻成熟。

根据全国革命斗争的形势以及中共中央、广东省委的指示精神，东江特委经过讨论研究，决定建立统一的东江苏维埃政权。1930年5月1日，东江地区第一次工农兵代表大会在八乡山滩下屋坪隆重召开。出席大会的有丰顺、五华、梅县、兴宁、大埔、龙川、潮阳、普宁、惠来、海丰、陆丰、惠阳、紫金、揭阳、潮安、澄海、饶平、南澳、汕头等县市的代表和红军代表184人，广州、海南、粤北地区也应邀派代表列席会议。省委代表林道义在会上传达了广东省委和中央军委关于建立东江苏维埃政府和成立工农红军第十一军的决定。大会通过了东江苏维埃政府政纲，明确提出"推翻帝

中国工农红军第十一军军部旧址（今梅州市丰顺县八乡山滩下庄屋坪村）

国主义的统治"，"推翻豪绅地主、资产阶级、军阀、国民党的统治"，以达到夺取全省、全国政权。还通过了土地政纲、劳动法令等。大会选举产生了东江苏维埃政府执行委员会，陈魁亚为委员长，古大存、陈耀潮为副委员长。这次大会的召开和东江苏维埃政府的建立，标志着统一的东江革命根据地的正式形成。

东江苏维埃政府成立后，由于海丰、陆丰、惠阳、紫金等惠属地区远离东江苏维埃政府所在地，偏于西南一隅，为了便于具体指导和直接指挥这一地区的工作，中共广东省委指示成立东江苏维埃惠州十属特别委员会。1930年6月，在海陆惠紫革命委员会的基础上，由各县、区苏维埃政府（或革命委员会）派出代表，经过民主选举，正式产生了东江苏维埃惠州十属特别委员会（亦称东江苏维埃惠属特别委员会），委员13人，下辖海丰、陆丰、惠阳、紫金、河源、龙川、博罗、和平、连平、新丰10个县（实际上苏区范围主要在海、陆、惠、紫、龙、河等县部分地区）。东江苏维埃惠属特别委员会成立后，先后颁布了革命政纲、土地政纲、劳动法令和妇女法等，并逐步开展了土地革命和各项建设。这对于深入开展武装斗争，巩固和发展东江革命根据地起到重要的作用。同年冬，东江革命根据地进一步发展，"苏维埃区域，扩大到几占全东江面积之半"，苏区人口近100万人。

就在东江革命根据地不断发展之时，以李立三为代表的"左"倾冒险主义错误影响到了东江苏区。中共广东省委和中央军委南方办事处给东江党组织和红军发出指示，强调武装斗争要以汕头、惠州等城市为中心，红军要"向重要城市进攻"。在这种"左"倾冒险主义错误思想的指导下，1930年夏秋之间，中共东江特委书记兼前委书记颜汉章命令工农红军第十一军军长古大存率部三打潮安城，结果使红军遭到很大损失。随后，又根据广东省行委的指示，将中共东江特委和共青团东江特委合并为东江行动委员会，以颜汉章为主席，古大存为前敌总指挥。东江党团组织的合并，是李立三"左"倾冒险主义错误在组织上的反映。为了进一步贯彻这一"左"倾错误，以实现所谓夺取中心城市的意图，1930年秋，东江行动委员会由八乡山迁往大南山。

虽然受到李立三"左"倾冒险主义错误的影响，但时间不长，因此东江革命根据地仍在不断发展壮大。在此前后，东江各地陆续建立了各边县或各县中共组织，逐步形成了五（华）兴（宁）龙（川）、饶（平）和（注：福建平和）（大）埔诏（注：福建诏安）、潮（阳）普（宁）惠（来）、海（丰）陆（丰）惠（阳）紫（金）、陆（丰）惠（来）、丰（顺）梅（县）、蕉（岭）平（远）寻（注：江西寻邬）、潮（阳）普（宁）揭（阳）、潮（安）澄（海）饶（平）（南）澳等苏区或游击区。并且，根据中共中央的指示，成立了中共闽粤赣特委，形成了闽粤赣苏区。这期间，东江苏区广泛开展土地革命，加强党的建设、政权建设、军事建设和经济文化建设，大力开展武装斗争，使根据地不断巩固和发展。

正当东江苏区土地革命掀起高潮、各项工作顺利开展之际，以王明为代表的"左"倾机会主义传达到东江苏区。一开始，广大干部对王明那套"左"的政策曾加以抵制，却遭到中共两广省委（由中共广东省委改组）的严厉批评和警告。1931年5月中旬，两广省委派员前往东江苏区，主持召开东江特委扩大会议，贯彻中共六届四中全会精神。此后，王明的"左"倾机会主义在东江苏区具体推行，全面开展反"AB团"运动。这次运动从1931年5月起，历时三年之久，遍及东江各块苏区。据不完全统计，至1932年3月初，被当为"AB团"或"社会民主党"等而遭错误杀害的党政军干部和革命群众就有原中共东江特委书记颜汉章、工农红军第十一军政委吴炳泰、共青团东江特委书记陈振生、共青团东江特委代理书记黄心园等1000多人。王明"左"倾机会主义在东江苏区造成极其严重的后果，动摇了革命根据地的坚实基础，给国民党反动派"围剿"根据地以可乘之机。

1932年春，国民党广州绥靖公署主任兼第八路军总指挥、第一集团军总司令陈济棠发动了对东江革命根据地的"围剿"，委派国民党第三军军长李扬敬兼任广东东区绥靖公署委员。李扬敬就任后，先后在梅县、汕头、惠州分别召开绥靖会议，筹划"围剿"事宜。国民党进攻东江苏区的兵力有张瑞贵第二独立师、第三军第七师和第八师一部、第二军第五师和第一独立师一部等共1万多人。而当时，东江苏区红军主力有第六军第二师（师长彭桂，7月改为红军独立师）和政治保卫队、彭杨军校学生等共1000多人以及赤卫队600余人。正规红军和地方武装总共不足2000人。双方力量对比，红军处于劣势。

3月中旬，张瑞贵率领第二独立师3个团以"分进合击，大围合小围"的作战方针，分兵四路向潮普惠（大南山）苏区进犯。中共东江特委领导工农红军和赤卫队采取"乘敌弱点、打击一路"的作战方针，对来犯之敌进行顽强的抗击，打乱了国民党军队"一个月占领南山，两个月善后"的计划。

为了冲破国民党军队的"围剿"，4月18日，中共东江特委召开扩大会议，研究反"围剿"问题。会议改组了东江特委，以李茂崇为书记，郑振芬为组织部部长，徐国声为宣传部部长，袁策夷为军委书记（后朱炎任军委主席）。会后，各地根据会议的部署，积极开展反"围剿"斗争，并取得了牛牯尖山等战斗的胜利。

8月底，国民党军队分别对潮普惠、陆惠、海陆紫潮、普揭、饶和埔诏、丰梅、潮澄澳等苏区和游击区发动新的进攻。虽然中共东江特委领导各苏区广大军民艰苦奋战，但在强敌的反复"围剿"下，仍无法扭转日趋恶劣的军事形势。1933年5月，中共东江特委军委主席朱炎、红军独立师师长彭桂等先后牺牲。陆惠、海陆惠紫苏区迭告丧失。1935年夏，中共东江特委终告解体，各地党组织遭到破坏，东江革命根据地丧失。

　　东江革命根据地斗争的失败，主要是由内部的反"AB团"运动和国民党军队重兵"围剿"造成的。但从根据地的发展过程加以考察，可得出若干有益的启示：第一，党的正确领导和正确路线指导是建立、巩固和发展革命根据地的根本保证。仅从王明"左"倾机会主义在东江革命根据地所造成的危害，就足以说明这个问题的极端重要性。第二，建立和发展革命根据地，必须把武装斗争、土地革命和政权建设紧密结合起来。东江革命根据地之所以能坚持7年之久，就是这三者较好地结合的结果。第三，建立和发展革命根据地，必须从全局出发，使党的方针政策与本地区的实际相结合。从东江革命根据地立足点的选择，可以看到这个问题的重要性。如果从全局加以权衡，根据地的立足点放在八乡山显然比大南山有利，但东江党组织的某些领导人却从局部利益出发，把立足点放在大南山，结果遭到失败。聂荣臻后来回顾这段历史时曾说：大南山的地形不利，地方就那么大，人就那么多，独处海滨一隅，几乎没有什么活动余地。"正因为这样，在优势敌人的围攻下，我们的根据地先后丢失"。"很明显，在东江地区建立根据地，应该向东江北部地区发展。向朱、毛靠拢"。所有这些经验教训都是值得认真总结和记取的。

五 粤北和南路的工农武装割据

（一）粤北的工农武装割据及其失败

1927年粤北地区的秋收暴动和1928年的年关暴动失败后，中共广东省委全体会议于1928年1月上旬通过了《关于目前党的任务及工作的方针决议案》，该决议案指出"革命潮流仍是继续高涨，整个的广东仍然是一个暴动的局面，一直到夺取全省的政权"，决定"在北江应该以清远为暴动的中心，极力发展各县游击战争，直到做成割据的局面，扩大到花县，英德一带，造成一割据的局面"。根据广东省委指示的精神，北江特委于1月中旬制定了《关于各县暴动工作纲领》，并在《关于目前党的任务给各县委的指示》中要求各级党组织必须立即行动起来，"在北江号召群众爆发大规模的暴动，深入土地革命，做成像海陆丰一样的割据局面"。把重点放在清远、英德和仁化、曲江地区。

但是，从当时的客观形势来看，仁化地区更具发展割据的条件。一方面，清远县的工农革命武装于1927年12月虽曾一度攻占县城，但因敌人反扑已退出县城，很难在短时间

内组织大规模暴动。另一方面，清远、花县、英德都靠近粤
汉铁路，粤汉铁路是敌人重点控制的主要交通线，运兵驰援
很方便，若在这些地方实行武装割据难以长期坚持。更重要
的是，1928年1月朱德率南昌起义余部由粤北开赴湘南后，
仁化县第五区（即董塘区）仍有农军和农民群众2000多人坚
持斗争。因此，北江特委除了按照广东省委指示积极准备清
远、英德等县的暴动外，也投入相当的力量重点经营仁化等
地区，希望尽快打开北江局面。

　　为了组织暴动，广东省委和北江特委派遣阮啸仙于1928
年1月23日抵达董塘指导仁化工作。阮啸仙到达董塘安岗

仁化县第五区苏维埃政府旧址——董劝书院

后，便连续召开中共仁化县委会议，决定恢复和发展各级党组织，组织和扩大农民武装，加紧筹备建立苏维埃政权。随后，阮啸仙亲自到安岗乡建立了党支部，并将党支部全体党员共46人按军事编制，编为4个分队和特务队。接着，将安岗赤卫队编为洋枪队、粉枪队、大炮（土炮）队、镰刀锄头队、工兵队和组织妇女慰问队及少年先锋队等。并以安岗乡为模范扩展到各区、乡，广泛动员群众、组织群众，形成全县农民武装大暴动。

1月27日，仁化县第五区在董塘圩郊大广场召开全区武装群众大会，中共广东省委代表阮啸仙在会上发表了演说，

阮啸仙

海丰苏维埃政府代表介绍了海陆丰斗争的经验。会议明确规定："没收一切地主土地，归原耕农民，限七日内掘去田基，限七日后起册，领土地使用证"；"豪绅地主自耕农耕土地由区政府收回，发给失业农工、烈士遗属、兵士家属耕种"；"没收或征收豪绅地主谷石、银两、财物、枪械。（甲）谷石十分之五归农民，十分之三归区，十分之二归乡。（乙）银两财物一律

充公归区政府经济委员会及军事机关管理。（丙）银两财物
不满十元者由农民自己取用”。这次会议大大激发了农民群
众的斗争意志，进一步确立了农会在群众中的威信，使农会
成为一个临时权力机关行使职权。次日，第五区安岗乡召开
群众大会，成立了安岗乡苏维埃政府。这是仁化县第一个乡
级苏维埃政权。而后，各乡苏维埃政府次第建立。与此同
时，仁化县委召开工农革命军大会，加强军队的思想建设和
军事建设，散发了《驻北江各军革命委员会致兵士书》和
《第五区农会敬告被压迫农友书》，组织各区、乡农民代
表到第五区参观学习，使革命势力不断向其他各区发展。2
月4日，正式成立了广东工农革命军北路第七独立团，下辖
3个营，并将各乡赤卫队加以整编，统一指挥。2月10日，
仁化县委召开各乡代表会和全区群众大会，决定改组第五区
农会，正式成立了第五区苏维埃政府。在此基础上，建立了
仁化县革命委员会，统一指挥全县的武装暴动。革命委员会
下设参谋团，由军事领导人组成，各乡赤卫队编归参谋团指
挥，各工农革命军均由参谋团派员前往训练。从此，仁化县
第五区成为工农武装革命的大本营，成为粤北地区工农武装
割据的一面旗帜。

　　仁化县第五区的武装割据初具规模，中共仁化县委便作

出攻打县城的决议。2月13日凌晨6时，仁化县委派遣工农革命军30人和持大刀、长矛的群众一起，发起攻打仁化城。由于城内的敌人空虚，遂被一举攻克，销毁县衙门公所和各大商店，缴获大批粮食、物资，张贴和散发了仁化县革命委员会政纲和号召全县暴动宣言，并于中午主动撤回董塘。这次行动虽然给敌人一定打击，但从全局考虑是过于草率的。因为割据区域的基础尚未巩固，仓促采取如此重大的行动，势必引起敌人的高度警觉和疯狂反扑，这对于割据区域的巩固和发展是不利的。国民党当局因仁化城被一度攻克而恼羞成怒，于2月14日调集500多人兵分四路向第五区进攻。由于敌人分头并进，来势凶猛，工农革命军的兵力不敷，董塘终被占领，10多个乡被烧杀。当敌人立足未定时，工农革命军组织了一支精悍的冲锋队，向董塘的敌人发起正面的冲击，把敌人击退10余公里，转败为胜。虽然革命军这次反击取得了胜利，但因敌人烧杀严重，致使全区的革命元气大伤。

而恰在此时，中共北江特委接到广东省委的指示，要求北江"要以仁化做中心，与南雄、始兴、曲江、乐昌的一部做成割据的局面。同时发动英德、清远的暴动"。根据这一指示，北江特委通告各县，立即举行暴动。2月13日，南雄县委领导第一次暴动，攻克了中站、黄地、乌迳等地，击毙横征暴敛的税收官吏24人。2月18日，南雄县委在黄坑圩召开全县4个区数万人的群众大会，宣布成立南雄县苏维埃政府。同时还成立了二、三、五、六区苏维埃政府和120个乡苏维埃政府，并开始实行土地革命。这次暴动坚持了一个月，后因敌人围攻而告失败。这期间，曲江县西水暴动于1928年1月受挫后，农民武装重整旗鼓，攻打重阳等地。在英德，1928年年初举行的潭洞暴动虽遭失败，但这时英德的农民武装和潭洞地区的农民群众在七、九区和佛冈县农民武装的协助下，又举行暴动，围攻潭洞和东乡的地主武装。还有清远的二、六、九区，曲江的马坝，花县的一、二区等，都先后采取了武装行动或开展游击战争。

粤北地区的工农武装斗争，惊动了国民党北江当局。国民党仁化、英德、曲江等县县长和地主豪绅纷纷向广东省政府和第八路总指挥部请兵"驰剿"。1928年2月间，第八路军总指挥部调遣3个团开赴北江地区，并电令驻韶关的范石生的第十六军和许克祥的第三独立师协同"剿办"。2月18日，范石生派遣第四十六师一三八团对仁化实行大规模"进剿"。2月21日，该团进驻仁化县城。同时，该团联同当地民团500多人向董塘进犯。工农革命武装在广大农民群众的配合下，奋起抗击，但因敌强我弱，便退守安岗乡。接着，敌人追至安岗乡，包围华阳寨，并派出一营兵力包围石塘双峰寨，以防石塘工农武装前往安岗救援。坚守华阳寨的工农武装在阮啸仙、蔡卓文等的指挥下，同敌人对峙达半月之久，打退了敌人的多次冲锋。由于敌人不断增兵，寨内的弹药、粮食缺乏，为了保存有生力量，工农武装挖通地道，把阮啸仙护送出寨，并带领群众撤出寨外。3月上旬，国民党占领安岗乡后，便集中兵力围攻北江割据的最后营垒——石塘双峰寨。由于寨内工农革命军和群众的顽强固守，敌人久攻不下，最后恼羞成怒的敌军调来两架飞机进行狂轰滥炸，用大炮猛烈攻击，炸死守寨军民数十人。因长时间固守，寨内军民的粮食、油盐、饮水、医药、弹药等都发生极端困难，所以寨内的群众和部分武装人员便通过秘密交通线撤往山区，只留50多人守寨。最后，守寨的工农武装也突围上了渐溪山，编入广东工农革命军北路赤卫队，继续开展游击战争。双峰寨之战，被中共广东省委誉为"农民暴动中最伟大的战斗"。

粤北的工农武装割据，坚持了将近一年时间，特别是仁化石塘双峰寨的守寨军民公开与强敌对垒达8个月之久，虽然最后失败了，但他们这种视死如归、英勇不屈的革命精神是非常可贵的。

（二）南路的斗争和斜阳岛的割据

在北江人民坚持斗争的同时，南路人民也加紧进行工农武装割据。1928年春，广东南路的茂名、化县、廉江、海康（现雷州市）等地的工农武装起义失败后，中共南路特委主要抓了如下工作：第一，健全南路特委的组织机构。由杨石魂、周颂年、卢永炽、吴家槐等7人为委员，杨石魂、周颂年、梁文炎为常务委员，杨石魂为书记。下设军事委员会和秘书处以及组织科、宣传科、交通科，分管各方面工作。第二，恢复和建立各级党组织。

杨石魂

特委派员或指定干部分别在各县组织县委，把徐闻县外罗特别支部委员会改为外罗区委员会，隶属海康县委领导；逐步建立北海、合浦、钦州、防城的基层组织；积极发展青年团的组织。至1928年夏，建立了10个县委和政权组织，有党员3000多人、团员400多人。第三，恢复和建立革命群众组织。在恢复建立各级秘密农会、工会的基础上，1928年夏先后恢复了中华全国总工会南路办事处和广东省农民协会南路办事处，成立了广东南路临时苏维埃政府。第四，开展士兵运动。派员打进民团、警察部队和国民党正规军部队，秘密发展党员，掌握敌情，秘密成立士兵革命委员会。策动国民党第十一军第二十四师特务营和学兵营于1928年7月29日在高州举行兵变，击毙参谋长1人、营长1人，没收饷项20余万元。第五，发动工农群众开展斗争。大多数县都成立了军事委员会或暴动委员会，恢复秘密农会和组织赤卫队，开展各种形式的斗争。如茂名沙田暴动失败后，起义武装和信宜县的部分工农武装撤往粤桂边界的六王岭山区实行武装割据，伺机打击敌人。化县、廉江等县开展了反官租运动。遂溪七区江洪港的渔业工人也组织了秘密工会和赤卫队，掀起反对包盐商的斗争。在这些斗争中，遂溪县斜阳岛的工农武装割据尤为突出。

1927年9月，中共遂溪县委领导的乐民武装起义失败后，县委书记陈光礼率领起义农军100多人转移到斜阳岛，开始实行海上武装割据。斜阳岛（又称岭仔，隶属遂溪县，后划归合浦县，今属广西北海市），位于遂溪江洪港以西30海里，与涠洲岛毗邻，是北部湾的一个小岛，面积近6平方公里。大革命时期，被土匪符振岳所盘踞。农军上岛后的首要问题便是如何处理好与土匪的关系。由于该支土匪部队同情革命军，农军负责人陈光礼便主动向符振岳做争取教育工作。经过一段时间的宣传教育，最终团结、改造了符振岳所带领的一支拥有100多人的绿林队伍，并将他们与农军一起合编为斜阳岛农军，共300多人，由陈光礼任总指挥，下设两个营。为了能坚持长期斗争，农军一方面与岛上渔民打成一片，实行自力更生，生产自救；另一方面进行军政训练，等待时机。1928年9月上旬，斜阳岛农军一部乘船返回大陆，在介炮与陈可章的一支队伍会合，突袭遂溪县城，占领了县署，消灭了一批敌军，缴获60多支枪和一批弹药，解救了200多名被囚禁在狱的农会骨干和群众。此后，陈光礼率领农军多次回师遂溪，打击反动武装。

1928年年底，中共南路特委被破坏，南路的革命处于最困难时期，斜阳岛的农民武装与上级党组织失去联系。1929年至1931年，国民党当局曾多次派兵渡海对斜阳岛进犯，但在驻岛军民的英勇打击下，均未得逞。为寻找党组织，陈光礼于1930年11月前往海南，不幸被捕牺牲。农民武装在极为困难的条件下，坚持斗争，并多次打退了国民党军队对斜阳岛的进犯。国民党当局对斜阳岛久攻不下极为恼怒。1932年5月，陈济棠增派一营军队，在地方武装的配合下，采取铁壁合围、长期围困的战术，对斜阳岛实行大规模围攻。攻打了三个月，仍无法踏上这座孤岛。随后，陈济棠又派飞机3架、军舰3艘前来助攻，对岛上实施狂轰滥炸，也未能得手。直至11月底，岛上军民已弹尽粮绝，伤亡过半。在这种情况下，斜阳岛才被国民党军队占领。农军大多数壮烈牺牲，有的被捕后英勇就义。

中共领导的工农武装在一个不足6平方公里的海岛上，实行武装割据长达四年之久，充分显示了南路人民在强敌面前，在特殊环境下敢于斗争、英勇不屈的精神。斜阳岛根据地，是南路党组织领导革命人民在特殊地理环境下建立起来的一块游击根据地，堪称南路人民革命斗争的一面旗帜。从这块根据地的全过程加以考察，在早期农民武装起义后，为了保存革命力量，避开强大的敌人，撤退到海岛，以此作为一种权宜之计，是完全可以理解的。然而，斜阳岛仅是一个近6平方公里的孤立无援的小岛，没有多少基本群众，经济来源极为有限，连生活用水都较困难，缺乏必要的生活设施，没有什么回旋的余地。工农武装撤至这样一个孤岛上，不利用时机设法向大陆的有利地区转移，反而在这里作长期固守，这显然失策。后来在敌人大规模的"进剿"中，虽然打算向外转移，但已错过了最有利的时机，结果遭到失败。斜阳岛的斗争虽然失败了，但革命人民这种不畏强暴、坚忍不拔的斗争精神是十分可贵的。

中共南路特委办公旧址（今湛江市赤坎区中兴街130号）

六 广东党组织在白区的工作

土地革命战争时期，广东党组织不仅领导各地举行工农武装起义和创建农村革命根据地，同时受"城市中心论"的影响，将党在城市和国民党统治区（即白区）的工作作为党的工作的重要组成部分，领导和推动了白区工作，为保护和发展革命力量，反对国民党反动派，支持农村土地革命作出巨大贡献。

（一）白区党组织的恢复与建设

1927年四一二反革命政变后，国民党反动派发动"四一五"反革命政变，广东各地到处都笼罩在白色恐怖之中，各大、中城市的党组织和革命力量遭受严重摧残。广东共产党人在拿起武器举行起义，建立农村根据地，实行土地革命的同时，在白区积极恢复、健全各级党组织，设立党的秘密机关，加强党的建设，发挥了战斗堡垒作用。

在政治建设方面，在白色恐怖条件下，广东党组织强调贯彻党的路线方针政策，加强党的领导。一是贯彻落实中央的路线方针政策。广东党组织在土地革命期间，针对中央的重大会议和重要路线方针政策，都予以积极部署。比如，1927年的八七会议之后，广东省委积极贯彻落实八七会议精神，接受了中央的新方针，改组了广东省委，为广东党组织迅速适应白色恐怖斗争提供了条件。又如，1928年6月至7月，中国共产党在苏联莫斯科召开第六次全国代表大会。同年11月中旬，中共广东省委召开第二次扩大会议，贯彻中共六大精神。会议形成了对广东革命形势的认识，通过了关于目前政治任务与工作方针、党的组织问题等决议案。会议认为，广东的革命形势和全国一样，处在两个革命高潮之间，党目前的总任务是争取广大群众，积聚革命力量，以迎接新的革命高潮的到来。党的六大路线的贯彻，使广东白区党的建设工作出现了新的转机。

二是建立巡视制度加强党的统一领导。大革命失败后，党的生存环境恶化，面对险恶的革命形势，1927年召开的八七会议决定，中共中央在建立北方局、南方局等中央派出机关的同时，还要派出巡视员到各地实际指导地方党组织迅速转入秘密状态。广东省委于1927年年底提出要建立巡视制度。此后，从省委到各市、县党的组织，都先后建立了党的巡视工作制度。1928年1月，广东省委制定了《巡视员工作大纲》，并指派党员干部分赴各地巡视指导工作，各地党组织也派出巡视员到所辖地区巡视指导。同年4月，中共广东省委扩大会议通过的《党的问题决议案》对健全巡视员制度提出了要求：第一，定出简要而周密的巡视员工作大纲；第二，各路因其需要，派若干同志去经常巡视，且各路都要有；第三，巡视员对各级指示，要尽可能向省委详细报告情形及处置办法，以便省委能够详细指导各地。巡视工作制度的建立，加强了上级党组织与下级党组织之间的联系，有助于党的方针政策的贯彻落实。

三是强调贯彻民主集中制实现党的统一行动。受"左"倾错误的影响，党内上下级关系松散，党在组织上和思想上存在机关自由选举、平均主义等错误思想，有的党组织和党员形成了不同的政治争论，这就极大地降低了党的凝聚力和战斗力，不利于全党实现统一意志、统一行动。在此背景下，党的六大党章在第七条中规定了民主集中制的根本原则是：下级党部与高级党部由党员大会、代表会议及全国大会选举产生；各级党部对选举自己的党员，应作定期的报告；下级党部一定要承认上级党部的决议，严守党纪，并且要执行共产国际执行委员会和党的指导机关之决议。为了贯彻中共六大精神，1928年9月10日通过的《中共广东省委最近的重要议决案》指出：一切政治争论，必须在党的纪律下进行，反对一切借口政治争论而发生破坏党的纪律的任何行动。尤其是党中央在党内发生政治争论时，必须加倍注意执行党的纪律，对于一切政治争论中表现出违反党的不良倾向，必须加以有力的纠正。下级对上级的决定有不同意见时，可以要求讨论解释，但上级认为在行动上须立即执行上级指导时，应以严重命令使下级立即执行，同时仍容许下级继续提出讨论意见，一切破坏党的统一，违抗上级命令等越出纪律的行为，上级要加以严厉制裁。这就既保证了党员的合法权利，又实现了党的统一意志。

在组织建设方面，为适应白色恐怖环境，广东党组织迅速调整党在白区的组织设置及运行方式。白区党组织的恢复经历了一个曲折的发展过程。根据八七会议通过的《党的组织问题议决案》，广东党组织迅速作出调整，转入秘密状态。1927年8月9日，临时中央政治局在决定成立南方局的同时，决定由张太雷任中共广东省委书记。广州起义失败后，1928年1月广东省委改组，由李立三任书记。2月，广东省委曾遭到破坏，邓中夏、罗登贤等被捕。为了恢复和健全党的"神经中枢"，中共广东省委先后在香港和国民党统治区恢复和建立党的各级组织。截至1928年3月，已恢复和建立了广州、香港、佛山等13个市委和中山、顺德、新会等65个县委，广东白区的党员人数大约1万人。但是，自1928年年底至1929年3月，广东各级党组织遭到一次全省性的大破坏。香港、南路、北江、西江、中路、琼崖、东江等党的机关被破坏，负责人被捕，使党在白区的工作受到严重影响。1929年3月31日，中共中央给广东省委发出关于各项工作的指示信，要求各级党的组织要纠正党的组织路线，特别注意秘密工作，要由下而上地恢复并发展党的组织。为此，广东省委决定加强广州、香港和各路工作。从1929年冬开始，先后恢复和建立了澳门特别支部、汕头市委、香港市委、广州市委、湘南市委等党组织，白区的党组织逐渐恢复和发展。然而，自1931年1月起，广东党的领导机关和各级组织又连续遭到敌人破坏，至1932年5月，广州仅有一个共5名党员的知识分子特别支部，香港党员虽多一点，有40多名党员，但市委被撤销，改设香港、九龙两个区委，汕头和海口仅有几条"线索"而已。到1934年9月，广东白区的党组织活动被迫停止，剩下少数党员在广州、香港等地以不同方式继续坚持斗争。直到1936年夏，中共中央北方局派薛尚实、王均予到香港和广州重建广东及南方的党组织，广东的党组织活动才开始恢复。

广东党组织针对白区斗争的特点，先后制定了一些必要的制度措施来加强组织建设。比如，秘密工作制度。为了适应白区工作环境，广东省委非常重视党的秘密工作，并制定了相应的保密措施防止暴露，比如：经常改换党员干部的姓名，特别是党内领导干部和入党时间长的党员的姓名；绝对禁止将党员的姓名、地址写在日记本上和携带出去，一切姓名和地址都要用密码登记；对党的文件要严加保管，对党的联络地址要绝对保密，对遗失文件或泄漏党的机密的党员要给予严厉的处分；加强对各级党组织执行秘密工作的检查督促。广东省委要求各级党组织都应有专人负责检查秘密工作，对党员进行秘密工作的训练。又如，党员定期报告制度。广东省委要求在白区工作的党员都要定期将工作情况向党组织作报告，如无三次以上报告，又没有正当理由的，就要由支部大会实行纪律惩戒，违者要受党纪处分。同时，每个党员须征得支部许可或者请假才能自由行动。

在思想建设方面，为适应白区工作特点和形势任务需要，广东党组织不断加强对白区党员干部的教育培训，主要方式是举办多种类型的培训班。1927年11月，广东省委从广州抽调一批工人党员到香港接受为期10天的培训。学习课程很丰富，有党的历史、组织及其政策，国内外政治报告，宣传工作，农民运动，工人运动，党的技术工作和暴动问题等。到11月底，已举办3期，共培训工人党员40余人。这些接受培训的党员一部分被派到省内各地担任党的重要职务，其他的则都被派返广州，准备参加广州起义。为了提升党内教育培训的效果，广东省委成立了香港训练委员会。该委员会由广东省委宣传部和香港东区区委、九龙区委的宣传员组成，专门负责制订训练计划、编印学习材料和具体实施训练工作。从1929年年初至3月，广东省委在香港连续举办了5期训练班，每班的时间是9~10天，先后训练出40人左右，学习内容是解释中共六大和广东省委第二次扩大会议文件，总结实际工作经验和工作方法。与以往不同的是，从第四期开始，更加重视培训干部分子和从业工人。训练班提高并统一了党员的思想认识，明确了未来的斗争方向，总结和分析了白区斗争方法，培训效果显著。

另外，广东党组织还重视用革命文化刊物宣传党的思想和改进党的工作。1927年"四一五"反革命政变后，国民党反动派大肆迫害共产党人和进步人士。为适应形势的变化，中共广东省委和白区的其他党组织编印出版各种党内刊物和理论小册子，宣传进步思想。至1927年年底，广东省委出版发行省委机关刊物《红旗》，编印《省委通讯》，先后出版《针锋》《党的生活》《工农通讯》《教育杂志》《学习》

《南方红旗》《香港周报》《两广实话》《两广红旗》等党内刊物。1929年，广东省委专门成立党报委员会，具体指导各地党组织的刊物出版工作。广东各地党组织出版的刊物还有：广州市委的《工农小报》；香港市委的《香港工人》、香港海员支部的《中国海员》；北江（曲江）县委的《转变》；东莞县委的《赤党》；惠阳县委的《群众》；潮阳县委的《赤潮号外》。还出版了《共产主义十好》《党校训练材料》《训练材料》《发行工作材料》《支部工作入门》《高级列宁学校教科书》《政治大纲》等一大批宣传小册子。虽然在白色恐怖条件下，这些刊物都转而进入地下，呈秘密状态，但对于宣传党的路线方针政策，提高广大党员和工人群众的思想觉悟，引导更多工人、群众、士兵、学生等走上革命道路，积蓄革命力量，起到很大作用。

在作风建设方面，根据白区工作特点和存在问题，广东党组织在开展革命过程中不断加强党的优良作风的管理和教育，并采取有效措施使广大党员接受党组织的监督。中共广东省委第二次扩大会议通过的《关于党的组织问题决议案》明确指出了当时白区党组织在建设过程中存在的一些问题：一是工作中的命令主义。比如，在指令各地暴动时，各地条件不够，接到命令非动不可。又如，在指派工作时，对同志不详细讨论工作前途，从而可以使得他自觉地奔赴党所指派的任务，而是单纯用命令制度，不注意同志的工作能力。二是个人英雄的拼命主义。如负责同志的拼命主义和英雄主义，不相信别的同志的创造能力和群众的创造力量，没有以好的方法去分配同志工作，没有设法推动群众去做，单打独斗打冲锋，导致党遭受了重大损失。三是党内极端民主化倾向。党员对民主集中制存在误解，而且有极端民主化倾向，往往是负责同志带头，其他同志才行动。如琼崖、东江党的负责人要亲自上前线去打冲锋，香港市委书记、香港海员支部书记要亲自出马派传单和演讲，好像不这样就无法获得同志的信任。

针对发现的一些问题，中共广东省委决定要加强党的改造，具体来说：一是下决心加紧进行党的改造，提出"没有创造无产阶级党的决心，改造党是不会改造好的"。二是党员职业化。这是因为过去许多党员是失业的活动分子，靠党生活，这样就出现了一种现象：动摇分子脱离叛党，勇敢分子只能到群众前头去拼命，而无法深入群众中去领导群众，这是党的力量削弱的最大原因。每个同志尽可能地在社会上找到固定生活，打入工厂里去做工。党员有了职业，就不会脱离群众生活，一方面有了生活的来源，且更易于深入群众；另一方面也可以减少党员的拼命主义和盲动主义的倾向。三是纠正过去命令主义的错误。

在纪律建设方面，为有效应对白色恐怖，广东党组织强调通过纪律来加强党的建设。随着党组织转入秘密状态，广东党组织发现了纪律在执行过程中的一些松懈现象：有时候，有的党员行动自由，违背纪律而党不加以处罚，与党保持若即若离的关系；有的党组织更因为害怕违反纪律的人反动而不敢宣布予以处分，导致同志们看不见铁的纪律。另外，有些地方执行纪律的时候因不懂得什么是政治纪律、什么是组织纪律，导致在运用上也不免存在错误。为加强党的纪律，中共广东省委扩大会议通过的《党的问题决议案》对纪律问题进行了专门研究，指出：第一，各级党组织对纪律不能采取放任态度，对应该处置的同志，因怕其反动而不敢明确开除其党籍，这是不对的，会使得其他同志认为是没有纪律。因此对那些自由行动以及违反纪律的人，要严厉执行纪律。第二，省委应对各地通告解释政治纪律和组织纪律的意义。第三，省委要组织监察委员会。

此后，中共广东省委加强了纪律的严格执行。以交纳党费为例，1928年8月，广东省委针对香港有部分党员忽视缴纳党费、不遵守党的纪律的现象作出规定，凡党员若非失业等特殊原因，都应定期交纳党费，如三个月以上不交者，要提请支部大会或小组会加以留党察看一个月的处分。同年11月，中共广东省委在第二次扩大会议上通过了《关于党的组织问题决议案》，再次强调党费是党员应担负的责任，也是一种党员与党的关系，党员不缴纳党费，是党的很大损失。该决议案还明确指出不参加支部会议、不纳（党）费者不算同志。广东省委对纪律的重视和对纪律的严格执行在白色恐怖条件下非常有必要，保护了党的组织，壮大了党的力量。

（二）领导和推动工人运动的发展

城市工人运动，是土地革命战争时期广东白区工作的一项重要内容。这一时期，广东党组织领导和推动白区工人进行了无数次的罢工和其他多种形式的斗争，在一定程度上打击了国民党反动派的反动统治，有效地策应了广大农村革命根据地人民群众的斗争，具有重要的历史地位。

1927年蒋介石叛变革命后，国民党反动派采取高压政策，大肆摧残工人运动，封闭、解散或勒令改组革命工会。广东各大、中城市的许多工会被解散，工人纠察队被缴械。据国民党官方统计，仅广东省就封闭、解散了县市工会和各种产业、职业工会200多个。在封闭、解散革命工会的同时，建立了御用工会，成立了工会组织改组委员会，强迫各工矿企业的基层工人组织进行登记注册，以便他们控制和破坏工人斗争。国民党摧残工人运动的另一个措施，就是在那些重要的工矿企业中，由反动军警和特务组织共同组织一个白色恐怖网，实行法西斯式的"连坐法"，设置"告密箱"。一旦发现某个工人与红色工会有联系，则他附近的5~10人就须连坐，轻的开除，重的或坐牢，或屠杀。工人领袖和工人运动骨干或被通缉，或被杀害，一些工人常因反对特务监视等暴行，就被扣上"赤化嫌疑""不良分子"等罪名，有的甚至交由军法处置，不是常年牢狱之灾，就是惨遭杀害。工人运动陷入低潮，工人阶级在大革命时期争取得到的政治、经济权利完全丧失。

面对国民党反动派的压制、摧残，广东党组织积极开展三个方面的工作以领导和推动工人运动。一是恢复、健全和建立各级工会。把曾遭受严重摧残的中华全国总工会广州办事处、省港罢工委员会、广州工人代表会、香港总工会等迅速恢复和健全起来，并建立一批新的赤色工会，以发动和号召工人群众奋起斗争。二是创办工人刊物，印制各种宣传品，进行宣传教育。如广东省总工会（即广州工人代表会）创办的《战鼓》、省港罢工委员会的《工人之路》、铁

路工会的《铁路工人》、东莞的《工农小报》、江门的《血光》、南路的《穷人小报》等都起到很好的作用。三是领导

《工人之路》

工人开展不懈斗争。1927年4月21日，粤汉、广九、广三铁路工人及广州市汽车工人，在中共广东区委领导下，举行了一小时罢工。中共广东区委、省港罢工委员会、广州工人代表会、中华全国总工会广州办事处、广东省农民协会、新学生社等向全省人民发出《反抗国民党反动派残暴大屠杀宣言》，号召全省工农革命群众联合起来，推翻国民党反动统治。4月23日，广州工人代表会组织海员、汽车、铁路、轮渡、印刷、油业等行业数千名工人举行了罢工。此后，广州许多革命工会秘密成立了自救团、剑仔队、义勇团和罢工维持队等工人自卫组织，以反抗反动统治。至1927年8月，广州工人自救团已发展到2000余人。

从1927年8月至广州起义前夕，在中国共产党的领导下，广州工人的反抗斗争连绵不断。8月20日，广州工人代表会为纪念廖仲恺被害两周年，组织53个工会工人参加罢工。10月中旬，为抗议"新南海"号轮船船主无理开除工

人，广州、香港、澳门、江门海员及工人5000多人举行罢工，罢工得到广州工人代表会属下的100多个工会的工人支持。10月23日，广州工人代表会组织1000多名工人，分成100个小组，每组10人，布满全城，到凌晨2时，举行飞行集会，骤然之间出现在街头，打出红旗，散发传单。11月1日，广州数千名工人聚集于汪精卫住宅葵园前请愿，要求释放"四一五"期间被捕的工人，并复工。11月3日，省港罢工工人在广州举行反对解散罢工组织的示威游行，11月中旬又发起反抗强行遣散的斗争。11月18日，在中共广东省委领导下，广州工人集会举行大规模的示威，通过了建立工农革命政府，释放"四一五"后的一切政治犯，恢复工人自卫队和援助农民实行土地革命等8项决议。12月，广州起义爆发，广州工人赤卫队组织了7个联队参加起义，从而形成了广东城市工人运动的高潮。

1927年12月，广州起义失败后，广东工人运动遭受更大挫折。国民党当局迅速解散工会，"所有非工贼主持之工会，全数被封"，"店员工会完全解散"，比较觉悟的工人稍有秘密活动，即遭拘捕、枪决，一切工会职员被通缉，每日杀几十到数百名工人，停止民众一切运动，取消一切集会言论、武装罢工等自由。资本家纷纷撕毁原与工人订立的合约，推翻协议，减薪加时，并且沿用大年初二"吃无情鸡"的旧例，恣意开除和解雇工人，如果有参加暴动的工人便向国民党举报。在这严酷的形势下，中共广东省委认为革命仍处于高潮，决定广东党的任务是继续举行暴动，夺取全省政权。这种"左"倾盲动主义和全省日益严重的白色恐怖，给广东白区工人运动带来了极其严重的影响，广东白区工人运动日渐陷入低潮。

1928年11月，中共广东省委在香港召开第二次扩大会议，传达了党的六大精神。对于工人运动，广东省委接受六大《职工运动决议案》，认为广东革命形势和全国一样，也正处于两个革命高潮之间，提出了广东党的总任务：争取广大的群众，积聚革命的力量，以准备在新的革命高潮到来时武装暴动的胜利。这次会议，纠正了过去工人运动中一些"左"的做法，虽然未从根本上克服"左"的错误倾向，但中共六大精神的贯彻，对于广东白区工人运动的恢复和发展起到积极的作用。会后，广东各地工人的罢工斗争又逐渐活跃起来。1929年6月，中路地区的新宁铁路工人为反对《劳资暂行通则》和《铁路员工服务条例》，抗议路局无故开除工人而举行罢工。罢工坚持10天后取得胜利。8月1日，广州、香港、石龙、曲江、顺德、惠阳、潮阳等地遵照广东省委的指示，举行示威活动。香港党组织在布置示威斗争时，广东省委也参加实际指导。顺德县示威活动中有机织、米粉、竹器、起落货等行业工人参加，其中仅米粉和机织工人就有三四百人。事后几天，顺德党组织发展了9名新党员。12月28日，广州手车工人4000多人为反对资本家增加车租而举行罢工，包围了市公安局。罢工期间，广东省委发表了《关于一致援助广州手车工友的斗争的号召书》，号召工人阶级及劳苦群众团结起来，援助手车工人的斗争。这次斗争一直坚持到1930年1月7日，终于取得了胜利。

1930年上半年，在中国共产党的领导下，广东白区工人运动更有起色。尤其在5月，各地工人罢工斗争纷起，被称为"红五月"。这个月党组织领导或指导的罢工斗争，在香港，有糖房、铁厂和码头等行业工人反对工头的斗争，海员工人要求加薪和反对开除工人的斗争；在广州，有粤汉铁路工人包围路局（铁路局简称"路局"），要求保障工人利益的斗争和电灯工人反抗军警压迫的斗争；在潮汕，有汕头印务工人的斗争和潮安庵埠船业工人的同盟罢工；在海南岛，有海南书局职工纪念"五一"的罢工；在韶关，有米机工人要求增加工资的斗争和码头工人反对工头的斗争；在英德，有翁江篷船工人的罢工斗争。在上述罢工斗争中，以广州粤汉铁路工人包围路局的斗争和潮安庵埠船业工人的同盟罢工影响最大。前者参加的工人有500多人，后者达5000人，而且这两次斗争均取得了胜利。潮安庵埠船业工人的同盟罢工，被称为是"东江地区自'四一五'政变后未曾有过的伟大罢工"。同年8月，在中共广东省委领导的香港工人代表会的组织下，香港建筑业工人为要求加薪、改善待遇和工作条件而举行同盟罢工，有5万名工人参加罢工。资方拒不接受工人所提条件，反而多方压迫工人，还勾结警方拘捕了罢工工人多人，万余名罢工工人愤而包围巡捕房，警方被迫释放被捕工人。接着，香港的电器、电车、汽车、印刷等行业的工人也举行了罢工。

与此同时，在中国共产党的领导下，广东各地的赤色工会组织也有较大的发展。至1930年5月，东江地区的汕头、潮安、揭阳、惠来、梅县、兴宁、大埔、饶平等地建立了赤色工会组织，加入赤色工会的工人达2600多人。惠来县还成立了总工会和工人纠察队，这是当时东江地区唯一建立总工会和工人纠察队组织的一个县。有些行业虽然未建立赤色工会，但党组织已在其中开展工作。比如，在汕头市，除印务、建筑、卫生等部分工人建立了赤色工会的组织外，其他如汽车、海员、邮政、人力车、电船、小贩、码头、缝业、理发、店员等行业部分工人，都找到了接头人，党组织已经在其中开展工作。总之，由于贯彻中共六大精神，广东党组织在开展工人运动时也比较注意斗争策略，白区工人运动有了较大的恢复和发展。

1930年8月，受李立三"左"倾错误影响，中共广东省委奉命将各级党、团、工会组织合并为各级行动委员会，布置各地在纪念节日举行罢工和示威游行，开始实施总同盟罢工和武装起义等"左"的计划。同年9月，党的六届三中全会纠正了李立三的"左"倾错误，广东省委很快恢复原来的各级党、团、工会组织系统，停止李立三"左"倾冒险主义计划在广东各地的执行。然而，1931年1月，王明"左"倾冒险主义在党内取得了领导地位，广东党组织的白区工作再次受到危害。党组织在领导工人斗争时，拒绝利用一切合法的可能，不管罢工或斗争的条件成熟与否，而只是单纯地以"发动斗争"为满足，凡遇到重要纪念日都要求各地举行罢工，或举行飞行集会和示威游行，结果暴露了自己，使党的力量损失很大。至1934年9月，在广东，省级党的领导机关被彻底破坏，白区的党组织活动被迫停止。党领导的工人运动再次陷于低潮。

广东党组织的活动停止后，在广州、香港等地仍有一些失去组织关系的党员在工人中活动，自发地发动一些工人斗争。比如，在香港，1935年7月，一些失去组织关系的党员和原赤色工会的会员，在海员和洋务工人中成立了"余闲乐社"，以从事慈善事业和开展娱乐活动的形式，团结、组织和教育海员工人进行抗日救亡活动。"余闲乐社"在各远洋船上以及港九等地设立了许多分社，到1937年社员人数发展到1.7万多人，并与上海的海员总工会建立了联系。这些活动团结了广大工人群众，为广东党组织的恢复打下了群众基础。

（三）组织开展士兵运动

广东党组织是全党开展士兵运动最早的组织之一。早在1927年党的八七会议后，广东省委就开始对张发奎部队做策反工作。1927年9月29日，张太雷在汕头向中央的报告中指出："在张（发奎）军内部，我们现已稍有工作，广州暴动的准备积极进行。"1928年7月10日，中共中央第五十八号通告指出，在广东的一部分国民党军队中，已经开始了相当规模的兵运工作，而在其他各省的士兵运动，只有一些零星散乱活动。广东士兵运动的起源较早的原因在于：以往广东的士兵运动，只针对中上级军官，忽略了下级军官和士兵群众，且没有顾及士兵本身的利益，也根本没有想过，通过士兵运动造成士兵反抗长官、联合农民和工人，破坏军队组织，因此广州军事特派员黄锦辉邀请许继慎、徐光英、赵如松商谈广东军事工作，决定向中央建议，举行士兵运动。

土地革命时期，广东党组织在国民党军队和其他武装队伍中，争取其士兵和下级军官倒向革命，重点放在争取国民党军队中的广大士兵和下级军官方面。中共中央常委于1927年11月27日通过的《广东工作计划决议案》明确指示：广东省委要派遣同志及工农分子到反动军队中，向兵士及下级军官进行策反工作，以破坏其军队；要提出兵士切身利益的要求，如改良兵士生活、发欠饷、组织监督军饷兵士委员会，等等。1927年11月，广东省委成立了士兵运动委员会，以黄锦辉、聂荣臻、赵如松、黄云谷为委员，聂荣臻为主席，赵如松为书记。另外，士兵运动委员会还设有宣传部门，共5人，负责编辑一切宣传品和计划宣传事宜；组织部门，共5人，负责组织事宜；煽动队，共20人，负责寻找机会与士兵接近；宣传队，共30人，分为10组在驻兵地、士兵游览地和士兵营房等散发传单。这是中共广东省委在国民党军队中秘密开展士兵运动最早的领导机构。除了成立士兵运动委员会外，还在士兵中成立"共济会"（也称为"兵会"）。兵会入会誓词为：共产主义，本会所宗；帝国主义，誓必肃清；打倒军阀，扶植农工；提高生活，反抗强横；凡我兄弟，生死与同。士兵运动委员会成立后，即派人到国民党军队和警察中去开展秘密活动。当时，广东省委曾派聂荣臻等10余人到广州开展士兵工作，派赵如松往石龙、惠州一带组织士兵运动办事处；同时也派人到西江地区开展工作。

广州起义前，广东省委的兵运工作主要是部署如何瓦解和策反张发奎的军队，争取第四军军官教导团、警卫团以及黄埔军校特务营等参加广州起义。鉴于教导团、警卫团以及黄埔军校的一些武装，共产党在其中有相当的基础；而教导团多是原中央军事政治学校武汉分校的学生，绝大多数是同情和支持革命的，全团1500多人中有200多名共产党员，广东省委明确提出：要加紧张发奎军队内部工作，使其在广州起义时，有一部分军队投到工人方面。为了加强对该团党组织的联系和领导，省委派遣军委干部曾干庭到该团开展活动。除了加紧对该团中的党、团员骨干进行训练外，还在进步官兵中吸收了120余名新党员。第四军警卫团是张发奎回粤后成立的，全团有1000多人，团长梁秉枢和部分领导骨干是共产党员。省委还乘该团招募新兵之机，选派300多名省港罢工工人、纠察队员应募加入，并通过叶剑英的关系把一批党员军事干部安插在该团工作。黄埔军校特务营和宪兵一连中也有共产党员，省委也派人与之联系，指示他们积极准备武装起义。此外，省委还通过张发奎部队中的党、团员，散发《红旗》和《工农小报》等党内刊物，在非党、团员士兵中进行宣传鼓动。经过积极的筹划和宣传发动，省委终于争取教导团、警卫团大部和黄埔军校特务营参加广州起义，并且成为起义主力部队。

广州起义失败后，一部分与党组织失去联系的党员和失业工人，因一时找不到生活的出路，被迫投身军门，到各种部队当兵，这为兵运工作提供了有利条件。在经历了严酷的现实和起义失败的教训后，党组织更加深刻感到兵运工作的重要性。1928年1月，中共广东省委发布《关于组织问题通告》，要求各地党组织进一步重视兵运工作，组织士兵运动委员会，以做士兵、土匪、民团、警察等下层群众工作，明确指出广州、香港、汕头、海陆丰、普宁、英德、广宁、曲江、廉江等县、市委应有组织会议，其他县、市委可根据情形，设立兵士运动委员会（简称"兵委"）及组织会议。5月20日，广东省委颁布《中共广东省委通告（第七号）——各地兵委的组织法》，对兵运工作做出新的部署，要求各地党组织"依照敌人的善后区段划分，建立各区的兵委，由区的兵委再设立各县市镇驻兵的地方的兵委"。具体划分是：东区兵委辖潮梅、海陆丰、惠州属等，设于汕头；南区兵委辖两阳（阳春、阳江）、南路和海南岛，设于海口；西区兵委辖西江、中路各属，设于肇庆；北区兵委辖北江各属，设于韶关；广州作为广东省军事政治中心，除设立兵委外，还设有省委军委办事处，以指挥广州附近各地区（包括南区属的两阳兵委，西区属的佛山、中山、顺德、番禺、南海等地）的兵运工作，并规定惠州兵委直接受省委军委指挥。广东省委这一通告，还对各地兵委与各级党委的关系问题作了明确规定：东区、南区兵委各参加汕头市委、海口市委，受市委政治上的指导，在军事行动时，除受省委军委指挥外，各自受东江、琼崖军委指挥，东区、南区兵委以下各地兵委参加各自所在地的党委会议；西区、北区兵委各参加高要县委、曲江县委，西区、北区兵委以下各地兵委参加各自所在地的党委会议；广州办事处参加广州市委，直接指挥的各地兵委参加所在地的党委会议。6月1日，广东省委发布《中共广东省委通告（第十号）——兵士运动问题》，强调指出开展敌军中的兵士运动，是最迫切最实际的工作之一，把兵运工作提到了重要的议事日程。

广东党组织在开展兵运工作过程中，主要运用如下一些措施：一是利用社会关系，派党员到国民党军队中任职或当兵，在士兵当中以同乡会、读书会等名义，进行革命宣传发动，秘密发展党员，建立党的组织或士兵革命委员会，然后在军队中开展策反活动。比如，当国民党军队募兵时，采取"既反对招募，又派人去应募"的两手策略，即一方面号召群众反对国民党拉夫征兵，另一方面又利用敌人的募兵，有组织地派人进去当兵，并在士兵中进行宣传鼓动，策动兵变，以瓦解或夺取敌人武装。二是关心士兵切身利益，并以此为突破口，策动士兵哗变；利用士兵生活困难、挨打受骂等，鼓动士兵闹饷，揭露长官贪污克扣军饷之劣行，以及同情被虐待士兵，激发士兵不满情绪，帮助士兵提高思想认识。三是每逢节日、纪念日或军阀战争爆发时，在当地驻军中给士兵散发宣传品。广州起义纪念日或年关时，各地党组织都散发了《告兵士团丁兄弟书》等传单。两广军阀战争爆发时，广东省委发布了《为反对两广军阀战争告兵士书》，对士兵进行宣传鼓动，激发他们厌战、反战情绪，劝阻他们开赴前线参战，盲从去当军阀的炮灰，打出"打倒国民党军阀政府"的口号，激发士兵加入红军和工农革命中。四是做好士兵家属工作。主要是要求各苏区党组织向国民党士兵家属进行宣传、开导，然后通过其家属做士兵的工作。此外，在苏区与白区交界地区，通过组织儿童队、妇女队、老人队，在国民党军队经常过往的大道旁边，以摆设摊点或卖茶水等作掩护，接触士兵，并向士兵宣传，以此感化他们，使他们倾向革命。

在中共组织的策动下，各地兵变事件屡有发生。在东江地区，1929年6月至1930年4月，接连发生了5次较大的兵变事件：第一次为驻饶平县上饶的一个连（蒋光鼐部）80余人，由几位曾参加过南昌起义的士兵领导哗变，收缴了当地反动警卫队的武装，带领全连投奔共产党，后被改编加入东江红军四十八团。第二次是驻梅县西阳的一个排哗变。第三次是驻蕉岭县的一个排哗变。这两次哗变（均属毛维寿部）都没有与当地共产党组织接头和联系，但哗变的原因是与党组织的宣传、发动和影响分不开的。第四次发生在1930年2月，丰顺县第五区分警队因旧历年关闹饷，由小队长带领20多名士兵逃跑，投奔红军，被编入东江红军四十六团。第五次发生在同年4月，丰顺县第五区潭江、大胜、白齿峰三地分警队因调换队长，由原队长率领50多人逃跑。当他们酝酿举事时，大埔县党组织曾派人与之接洽，举事后士兵大多数都投向红军。除此之外，1930年夏，海丰县水口区警卫队有30多人投奔红军。同年八九月间，驻海陆丰补充团士兵受共产党的影响，在一个月内有100多名士兵逃跑，其中一部分投奔了红军。中共惠阳县委对兵运工作较为重视，对士兵的宣传工作做得比较普遍，在当地的驻军士兵中建立了中共支部。

在南路地区，1928年4月，吴川县石门区警察署发展3名党员，并成立了中共支部。7月中旬，驻灵山的国民党军第七十二团第九连在这一支部的推动下发动了兵变。7月29日，驻高州的国民党第十一军二十四师特务营的第三、四连共140多名士兵，在中共南路特委的策动下发动了兵变，杀参谋长、营长各一人，并收缴该营步枪400余支、水龙机关枪3挺及子弹一大批。

在海南岛，团兵的倾向日益革命化。有些团兵到苏区"剿掠"时，遇见农民不杀害，而且还叫其快走。影响最大的一次是1930年8月间，驻琼陆战队有两个连队哗变，投奔到红军中来。同时，另行的团兵携军械投奔苏维埃的也不在少数。

在北江地区，1931年春，驻韶关的邓辉团有一连士兵受共产党影响，监视连长，准备兵变，但由于组织和领导不好，兵变未能取得成功，造成几十名士兵被枪决。

在广州，兵运工作直接受中共广东省委军委指导。广州起义失败后，党组织做了许多宣传、鼓动工作。淞沪抗战爆发时，广州许多士兵割手指头写血书，要求到上海参加抗战。不少伤兵在广州党组织发动下，集体上街举行集会、游行，或参加由党的地下组织发动的群众游行。1936年广州党组织重建期间，中共南方临时工作委员会在广州成立的一个直属支部，也在国民党军队中发展了一些党员。

这里需要指出的是，广东党组织在开展兵运工作过程中，也曾出现一些错误偏向，如对兵运工作要求过高，方法过于简单、粗糙。在开展这一工作时，不是从士兵最为关心的问题着手，而是提出"分配土地""当红军去到农村去"等政治口号，结果成效甚微。1928年6月18日，中共广东省委常委扩大会议通过《兵士运动决议案》，提出了兵士运动的主要目的是"破坏反革命武装"，要求各地党组织纠正过去那种对兵士工作偏重于政治、"过于谨慎"和"过分希望兵士加入红军"的观念。然而，这次会议之后各地又忽略了政治宣传，改用一些错误的口号来鼓动兵变，甚至提出了不管条件成熟与否，都应无条件地发动兵变的错误主张，等等。这都对兵运工作带来了一些消极的影响。

1. 徐向前：《奔向海陆丰》，《星火燎原》（选编之一），中国人民解放军战士出版社 1977 年版。

2.《瞿秋白文集·政治理论编》第 5 卷，人民出版社 1995 年版。

3.《彭湃文集》，人民出版社 2013 年版。

4. 毕德：《民主革命策源地》，广东人民出版社 2016 年版。

5.《建党以来重要文献选编（1921—1949）》第 4 册，中央文献出版社 2011 年版。

6.《共产国际、联共（布）与中国革命档案资料丛书》第 7 卷，中央文献出版社 2002 年版。

7. 中共广东省委党史研究室：《中国共产党广东地方史》第 1 卷，广东人民出版社 1999 年版。

8. 黄振位：《广东革命根据地史》，广东人民出版社 1993 年版。

9. 黄振位：《中共广东党史概论》，广东高等教育出版社 1994 年版。

10. 方志钦、蒋祖缘:《广东通史》(现代上册),广东高等教育出版社 2014 年版。

11. 广东人民武装斗争史编委会:《广东人民武装斗争史》第 2 卷,广东人民出版社 1995 年版。

12. 刘昊:《革命的地方性——广东土地革命研究(1927~1934)》,中国言实出版社 2013 年版。

13. 中共广东省委党史资料征集委员会、中共广东省委党史研究委员会:《广东党史资料》第十二辑,广东人民出版社 1988 年版。

14. 广东省地方史志编纂委员会:《广东省志·政治纪要》,广东人民出版社 2004 年版。

15. 广东省地方史志编纂委员会:《广东省志·大事记》,广东人民出版社 2005 年版。

16. 中共广东省委党史研究室:《广东党史资料》第十八辑,广东人民出版社 1991 年版。

17. 璞玉霍、徐爽迷:《党的白区斗争史话》,中共党史出版社 1991 年版。

18. 广东革命历史博物馆:《广州起义资料》(上),人民出版社 1985 年版。

19. 中共海南省委党史研究室:《红旗不倒——中共琼崖地方史》,中共党史出版社 1995 年版。

20. 中共广东省委党史研究室:《论东江苏维埃》,广东人民出版社 2011 年版。

21. 金应熙:《"四·一五"反革命政变前广东工人对国民党右派的斗争》,《金应熙史学论文集（近现代史卷）》,广东人民出版社 2006 年版。

22. 林泽民:《海陆丰根据地史话》,《海丰文史》第十六辑,政协海丰县委员会文史资料研究委员会,1998 年版,内部发行。

23. 中共惠州市委统战部、中共惠州市委党史办公室编:《东江党史资料汇编第十二辑:新民主主义革命时期东江统战史资料》,1991 年版,内部资料。

24. 中央档案馆、广东省档案馆:《广东革命历史文件汇集》,1982 年版。

25. 琼岛星火编辑部:《琼岛星火》第 17 期,1987 年版,内部发行。

26. 张启良:《中国革命新道路的早期样本 —— 以广东紫金"四二六"暴动为个案》,《党史与文献研究》2007 年第 7、8 期。

27. 黄慰慈等:《土地革命战争的先声 —— "四一五"至"八一"前广东各地的武装起义》,《近代史研究》1988 年第 1 期。

28. 洪汉文:《广州起义与人民军队的创建和发展》,《广东党史》2008 年第 1 期。

后 记

　　1927年，国民党反动派发动反革命政变，第一次国共合作彻底破裂，中共广东党组织在全国率先以武装起义反抗国民党，并建立自己的红色政权，在反帝反封建斗争中发挥了重要作用，这不仅是广东党史，更是中共党史不可分割的重要组成部分。为了帮助大家更好地了解和把握这段历史，再现当年的历史场景和革命印记，传承红色基因，弘扬革命精神，充分发挥党史的育人作用，在中国共产党成立100周年之际，我们撰写了《工农武装起义与红色政权的建立》一书。

　　本书坚持实事求是的原则，以土地革命时期中共广东党组织领导的重要武装斗争为主线，着重提炼历史事件中的亮点和历史启示，遵循集理论性、通俗性、可读性、趣味性于一体的原则，以专题党课的形式，力求客观地反映这段历史，突出"红色广东"的特色，但因篇幅等限制，只能选择其要者加以阐述。

本书的编写出版受到了省委领导的高度重视和大力支持。广东省委原常委、宣传部原部长傅华同志主持召开专题会议，研究审议出版计划，并提出撰写要求。

为了立准史料，本书在写作过程中搜集和参考了很多资料，吸收了史学界对广东革命史研究的一些成果，还受到了中共广东省委党史研究室原主任曾庆榴、广东省社会科学院历史研究所教授黄振位、中共广东省委党校副研究员刘子健等学界专家的指导，并得到了中共广东省委党校科研处处长林盛根的鼎力相助。

广东人民出版社多次组织审编工作，总编辑钟永宁对全书的定位和要求等提出指导意见，政治读物编辑室主任卢雪华和副主任曾玉寒给予悉心指导，责任编辑廖智聪为编辑出版付出了辛苦劳动。在此，谨向他们致以衷心的感谢。

本书由中共广州市委党校王超撰写第一、二、三部分，中共广州市委党校张仙凤撰写第四、五、六部分。

由于作者水平有限，加上历史跨度较大，涉及的事件、人物较多，而我们所掌握的资料有限，书中可能存在错漏和不够准确之处，敬请专家和读者不吝指教，以便将来予以修改和订正。

作　者

2020年6月